太原名街老巷

肖 刚/绘著

學苑出版社

图书在版编目（CIP）数据

太原名街老巷 / 肖刚绘、著. —— 北京：学苑出版社，2013.1
ISBN 978-7-5077-4200-8

Ⅰ. ①太… Ⅱ. ①肖… Ⅲ. ①城市道路－介绍－太原市 Ⅳ. ①K922.51

中国版本图书馆CIP数据核字(2013)第002498号

责任编辑： 郑泽英
周　鼎
封面设计： 李　芳
出版发行： 学苑出版社
社　　址： 北京市丰台区南方庄2号院1号楼
邮政编码： 100079
网　　址： www.book001.com
电子信箱： xueyuan@public.bta.net.cn
销售电话： 010-67675512、67678944、67601101（邮购）
经　　销： 新华书店
印 刷 厂： 北京彩蝶印刷有限公司
开本尺寸： 889×1194 1/24
印　　张： 9
字　　数： 100千字
版　　次： 2013年1月第1版
印　　次： 2013年6月第2次印刷
定　　价： 38.00元

序

太原，一座有着2500多年历史的名城，古称晋阳，又称并州。汉武帝创“州刺史”制，晋阳为并州刺史部太原郡，从此有“并”的简称。它是华夏文明的发祥地之一，上至旧时器时代遗址，春秋战国墓葬，下至明清时期的珍贵遗存，中国几千年的建筑风格都能在这里找到对应。

但是，风云变幻、岁月沧桑，不少会馆、学堂、门楼、角楼、老宅以及宫、庙、寺等遗存遭严重破坏，有的已不复存在。眼前这座城市更有一种现象令人担忧，那就是到处可见的挖掘机和推土机，所到之处灰飞烟起，墙倒屋塌，一片破败景象，所剩不多的地标性古建筑也随之消失，留给后人的将是整齐划一的钢筋水泥城堡。人们在掏干几代人血汗钱换来的水泥屋里并不快乐的活着的时候，是否会和儿孙讲起曾经见过住过的老屋?

社会上的有识之士都在为抢救历史文化的古遗存而奔走呼号，他们当中有市长、干部、美术工作者、以及普通市民，他们的行动令人感佩。

上世纪八十年代，太原柳巷北口马路要拓宽，马路中间的两棵古槐是当作文化遗存来保护它们，还是视为“障碍物”而毁掉它们? 对此，曾经有过激烈的争论。岳维藩老市长亲自去察看这两棵古槐，并在施工现场作出了修改拓宽工程规划、保护这两棵古槐的决定。现在市民看到的是两棵古槐围起了汉白玉围栏。老市长的可贵精神值得学习和发扬。

太原市有一位青年美术工作者肖刚，近年来不辞辛苦，行走于街头巷尾，先是将并州老街古宅的资料加以收集整理，然后创作成绘画作品，宣扬并州古城悠久丰富的历史文化遗存，这是一项很有意义的工作，值得称道。

肖刚1995年从山西大学美术系毕业后，一直从事绘画创作、美术设计及美术教育工作。在太原居住了二十年多的肖刚，已把家安在太原，他也算得上是个太原人了。出于对太原古城的热爱，他用手中的钢笔描绘太原的老街古宅，以唤起人们对这座古城的保护意识。每当肖刚坐在街边描绘这些古建筑时，便招来路人围观，一些老人还向他讲述古建筑的过去和故事，这对肖刚来说都是帮助和支持。肖刚在谈到这项工作时是这样说的："我由一名画者逐步走进了保护者的行列，工作中有愉悦有疲倦和太多的不如意，但更多的是愉悦，因为我遇到那么多让我坚持下去的朋友，原本只当自己是独行者，没想到步子迈开后，与我同行的比我先行的人不在少数，这是我最大的感动和收获"。

老街古宅经过肖刚的艺术再现，就有了感人的艺术魅力。

我特别喜欢"起凤街纯阳宫"、"海子边万字楼"、"鼓楼街唱经楼"、"太原食品街"、"北岳庙老宅"、"柳巷古槐"、"浑源会馆"等作品，经过取舍概括，画面更加集中完整，严谨流畅的钢笔线条，敷以淡彩，增添了画面明快感。

肖刚将其创作的百余幅钢笔画及摄影作品成书出版，以飨读者，从而激发起人们保护历史遗存的热情。相信在勾起读者对古城历史记忆的同时，还能够从他的画中获得美的享受。

董其中

（中国著名版画家，中国美术家协会常务理事，原山西省美术家协会主席）

2011年8月于太原

前言

太原古称晋阳，历史悠久，为中华文明最早的发源地之一。据史料记载秦庄襄王三年（前 246年）已“初置太原郡”。从那时起晋阳就称作太原了。

“太原”一词，最早见于《诗经》，从先秦典籍中可以见到记载，“大而加甚谓之太，高而平坦谓之原”，我国最早诠释词义的专著《尔雅》说：“广平曰原”。对“太原”名称的由来，存在不同版本的解释，以我个人理解，这应当是地理意义上的泛称。

无论从哪方面说，太原的确是一座不折不扣的古城。“古交旧石器文化遗址”的发现，将它的历史追溯到十万年之前。义井和东太堡的“新石器文化遗址”再次说明，在七、八千年前的母系氏族公社早期，太原的先民已经有了属于自己的文明。大约在公元前497年前，晋阳古城问世于汾河晋水之畔，现在算来已有2500余年的历史了。自春秋以来，太原一直是中国北方的一个军事重镇，历经岁月沧桑，它早已成为一座闻名华夏大地的历史文化名城。

围绕着这座古城有着动人的传说，也有着真实的历史记载。如“台骀降龙”变龙山；夏禹治水改龙头山为系舟山；桐叶封唐；赵简子的家臣创建晋阳城；韩、赵、魏三国分晋后赵国定都晋阳；刘恒在晋阳龙潜十数年后即位汉文帝；北魏高欢父子定太原为“别都”；李渊父子太原起兵夺天下建立大唐盛世。后唐、后晋、后汉、北汉，曾先后在太原定都。

我查阅过相关资料，有一种观点认为，凡中国古代独立王朝或政权的都城，有准确的年代，遗址地理位置确切，距现在有关城市较近的，都可称为古都。按此标准，太原曾经九次为都。由此可见，它在中国历史地位的重要。太原可谓“龙兴”之地，所以太原也就有了“龙城”之说。也正因为如此，宋朝赵光义于公元979年攻下晋阳，毁掉旧城另筑新城时，城中街道均为成丁字街，为的是钉破“龙脉”使太原不再出现“真龙天子”危及赵宋天下。宋仁宗即位后，对太原又进行了修建，著名的晋祠圣母殿就是在这一时期兴建的。随着社会的发展，宋代太原的工商业也逐步繁荣，现在太原市区的很多街名都来源于宋，例如：西米市、南市街、柴市巷、帽儿巷、靴巷、酱园巷等，都是因那时的工商业发展而得名的。

明朝建立以后，明太祖朱元璋封他的三子朱棡为晋王，驻守太原，晋王大兴土木对太原城进行了扩建。整座城设8座城门：东为宜春(大东门)、迎晖(小东门)，南为迎泽(大南门)、承恩(首义门)，西为振武(水西门)、阜城(旱西门)，北为镇远(大北门)、拱极(小北门)。现在太原仅余下拱极门，其余均已无存。

晋王在城内修建了王府，现在太原市区的“东华门”、“西华门”、“南华门”几处地名就是以王府得名。府外城墙称作“肖墙”，这便有了现在的西肖墙、南肖墙、北肖墙等街名。晋王举行祭祀的天地坛，管理膳食的典膳所，游玩的花园杏花岭等都成了以后的地名街名。到了清代，在晋王府的废墟上修建了千余间营房，驻扎精骑营。由此就有了精营西边街、精营南横街、教场巷等街名。至于新民东街、中街等街名显然是民国时期的产物。新中国成立后，道路街名更是一目了然，如：五一路、解放路、新建路、建设路等等。

我不是研究历史的，所以对严格的太原史并没有太多探究，我作画的初衷并不是要按照历史的脉络来复原老城，我只是想把现存的，暂时还没有消失的老建筑、老街道留在我的画纸上。在画的过程中才不断的了解到很多与我作品相关的史料，有些是查阅图书所得，有些是朋友提供的，有些是走访亲历者口述然后整理的，还有则些来自网络。随着我对太原历史的了解，我的画也在发生着改变，明显的融入了自己的感情和见解，画面不再是单纯的记录，而是尽可能的展现老建筑背后那份沉甸甸的历史与文化。相对来说，画画是我的长项，而在文字方面难免会有问题存在，很多地方还需要补充和完善。不管怎样，我的收获是肯定的，在几年的时间里，我犹如一名穿越者，随着我的画笔在两千多年间穿梭。我似乎太过沉浸在历史的画面中，回到现实的我总是显得有些失落，但随着我作品在真实世界的成功，又为我增添了无尽的动力。我不再回避现实，我要将自己对太原的了解和热爱传递给每一位热爱它的人。或许我的努力是徒劳的，但我不再为此叹息，因为我相信太原的明天会更好!

谨以此作，向这座有着2500年历史的文化名城致敬!

肖 刚

2012年7月于太原

目 录

太原名街老巷

万寿宫皇庙

皇庙所在的这条街，现改名叫“万寿宫”。太原皇庙始建年代不详，据资料分析，大致建于晋王朱棡就藩太原前。《明史》载，明太祖朱元璋三子在明洪武三年（1370）封为晋王，洪武十一年就藩太原，住在今精营街一带的晋王府。按礼俗，在确定王府地址时，应在其府第的东南方向先建祖庙，以祭告就藩礼。按此计算，太原皇庙比北京的太庙早建48年。

在漫长的历史长河中，风云变幻，世事沧桑，皇庙也历经了数次劫难，先改为昭义祠，后又改为关岳庙，奉祀三国时蜀将关羽和宋代名将岳飞，称武庙。民国后相继为山佑大学、并州学院和并州中学使用。新中国成立后，市邮电局、市残疾军人疗养院、假肢工厂、市橡胶机带厂相继使用。

皇庙，在城区五一路南段东侧。这里离市中心极近，但知道这里的人却不是很多，就拿我来说，在太原生活了很多年了，一直都没搞清楚它的具体位置，后来在搜集老宅巷的过程中才踏足这里。后一查关于皇庙的资料竟被吓了一跳，太原的皇庙由于保存完好而成为目前全国唯一一座皇庙建制遗址和明代皇家祭祀建筑。它的建筑特点采用黄琉璃瓦顶及龙形装饰，是人世间最高的等级，在山西省也仅此一例，是太原市唯一的黄色建筑群。正是因为这样，我在绘制时除了黄色部分几乎在画面其他地方没上色，意在突出其唯一性。

◎ 皇庙又称祖庙、万寿宫，是除北京之外全国仅存的皇室祭祀场所，也是太原仅存的皇家建筑群。是朱元璋之子朱棡于1376年在太原修建的，每逢万寿节皇帝生日即开庙祭祀，所以称之为"万寿宫"。近年政府已经修葺，但不知何因，中途停工，断断续续，现如今门前荒草满地，了可迫人！

廖刚 Liao Gang 画於并州

万寿宫皇庙

万寿宫基督堂

万寿宫基督堂，平面呈“T”字形，外观以西方建筑手法为主，但其中一些地方明显带有中式建筑形式，主体建筑正面，左右两侧的砖饰有两个中国结的吉祥图案。整体建筑坐北朝南，是一处典型的中西合璧式建筑。离万寿宫基督堂不远处的桥头街98号的太原基督教堂始建于1876年，是中国北方最早建立的基督教堂之一，清光绪二年由李提摩太创建，由此推断，万寿宫基督堂的历史应属同一时期建筑。

来往于这条街不下十次，先后画过这里的两处旧址，但偏偏没注意到隐于临建房之中的这座不高的西式建筑。一次偶然的网上浏览，让我没费什么周折就找到了它。其实并不难找，只是它的确太不起眼了，混杂于市井之中，加之早已逝去风采的外表，实难让人想到它曾经也是一处受万千信徒膜拜的圣堂。

万寿宫基督堂

万寿宫民居

万寿宫民居位于皇庙巷，建于20世纪初。这条巷子很短，但有几处宅院的门楼依然在斑驳的背后透出昔日的精美。和上点年纪的居民攀谈后，大概了解了一些这处宅院的背景。或许是沾了皇庙的光，走入这条巷子感觉很特殊，进出的居民显得安逸平和。我去时已快中午，巷子里很安静，我得以安安静静地观察着，从容地在画纸上勾勒出阳光下因对比强烈而略显光芒的老宅院。

在此巷中有一处为民国时山西邮政局长张汉山宅。院落坐北朝南，正房七间，南房三间，东西厢房各为三间，西侧原建有花园，现已无存。

⊙ 位于万寿宫的居民显得安逸平和，这条街上有不少老宅，看上去年代已久远，从斑驳的砖墙上可以看出岁月痕迹，茂盛大树给小院带来荫凉之余，还使古老的院门带来些许生机。

萧刚 LiaoGang 08.7画於安顺

万寿宫民居

起凤街纯阳宫

纯阳宫位于太原五一广场西北隅，红墙环绕，楼台错落，是太原境内唯一一座保存完好的道观。它东边的围墙，紧邻太原著名的海子边街，所以来往游人颇多。它的正门对着一座生意很好的电影院，每天人来人往，这些外部因素使得这座古道观成了一处热闹非凡的场所。我选择它的正面来画纯属不得已，因为两侧几乎都没有可露出全貌的落脚点。纯阳宫的正面较平板，中规中矩，红，绿、黄搭配的建筑颜色，总使我想起小时看“大闹天宫”被悟空酒后误闯的那座太上老君的府邸。

纯阳宫又称吕祖庙。唐代始建，明万历年间（1573 ~ 1620）扩建，清乾隆年间（1736 ~ 1795）增筑巍阁三层。纯阳宫因供奉吕洞宾而得名，“纯阳”二字为洞宾之号，“宫”为祀奉神仙的宫殿。纯阳宫的建筑占地不大,它以巧思入神的布局为世人称道。宫观分为四进院落,门前有四柱三楼木牌坊,主殿为吕祖殿,位于二进院中轴线上,面阔三间。后面两院为楼阁式建筑,错落有致,曲折回旋。纯阳宫建筑群布局严谨，类型众多，为道教建筑文化中颇具特色的优秀范例。值得一提的是纯阳宫曾是山西省博物馆所在地。

◎ 纯阳宫位于太原市五一广场西北隅，起凤街东端，俗称"吕祖庙"，始建于唐代，明万历年间（1573-1619）晋藩王重建，清乾隆年间增筑巍阁，是供奉唐代八仙之一吕洞宾的道观，是太原境内唯一一处完整的道教建筑群。
Liao Gang
09. 书于并州

起凤街纯阳宫

文庙棂星门

太原文庙原位于城西水西门，因遭水淹，清光绪七年（1881）山西巡抚张之洞便将文庙迁到崇善寺废墟，按照原文庙的布局，利用崇善寺遗存的原材料予以重建。文庙建筑格局仿曲阜孔庙，三进院落占地13000平方米，中轴线主建筑由南而北为棂星门、大成门、大成殿，棂星门前面有宽阔高大的团龙照壁，大成殿后面有祭祀孔子先人牌位的崇圣祠。

文庙即孔庙，太原的文庙建筑格局就仿照曲阜孔庙。这里经常举办画展，我对这里算是比较熟悉的。画棂星门比较费时，角度也不好选，想画出全貌实在费劲，因为它很宽，细节很多，我选了左边有两块巨型天然煤块的地方入手，这里有些较明显的光影变化，画成素描效果会好一些。

在文庙附近有很多经营古玩字画的小店，来此淘宝的人不在少数。文庙的大门叫棂星门，棂星是天上的文星，这里的木牌坊也就寓意着人才辈出和文运亨通。中间的绿色琉璃团龙和两侧的黑色煤石盆景以及四尊古朴的立狮都给人细腻的视觉享受。文庙曾被辟为山西省博物馆，利用这一宏大的清代建筑群展示三晋的历史文化。现辟为山西省民俗博物馆。

文庙棂星门

太原崇善寺

崇善寺曾是一座规模庞大的佛教寺院。据寺内所存的一幅明版崇善寺建筑全图来看，所建之时，占地广达14万平方米，有大殿六座，院落十八座，殿阁楼台、堂廊庑近千间。清同治三年（1864）崇善寺失火，寺内主要建筑化为灰烬，仅余大悲殿一组得以保存。

说来也怪，我一直把崇善寺当作是文庙的一部分，走过多少回，愣是没到过近前看看。一次骑自行车专门到文庙搜集素材，才偶然来到这里，其实就在文庙后边。

太原崇善寺既是佛教寺庙，又是皇家祖庙，位于太原市五一路南段附近的崇善寺街，初建于唐，原名白马寺，后改称延寿寺、宗善寺，明代时，才更名崇善寺。明洪武十四年（1381），明太祖朱元璋第三子为纪念其母后马皇后，在原寺基础上进行了扩建。明代的崇善寺是完全按照标准的宫殿式建筑风格修建的。中轴线上的金刚殿、天王殿、大雄殿、毗卢殿、大悲殿、金灵殿，由南往北一字排列。在各大殿的左、右，又整齐地排列着一系列的小院落。寺内大雄宝殿居中，面宽九间，高达30余米。清同治三年，崇善寺毁于一场大火，现仅存大悲殿、山门、钟楼、东西厢房。

⊙ 崇善寺位于崇善寺街，该寺创建于唐，原名"白马寺"。朱元璋三子晋恭王朱棡为纪念其母大事扩建，可惜毁于大火。现存山门、钟楼、大悲殿等建筑仅是明代之十分之一，为省级重点文物保护单位。

萧刚 2010年6月于太原

太原崇善寺

文津巷门楼

我的记忆里文津巷是我第一次来太原居住过的地方。这里有很多砖木结构的小门楼，虽不豪华，但很有特点。

我八九岁时，母亲受省美协之邀，来太原参加集体创作，准备送作品参加全国美展。我那时小，母亲干脆带我一起来了，别的没记住多少，就记住高兴了。大约有一个月时间，我对周边的环境已非常熟悉，结识了好多小朋友。文津巷和侯家巷是我那时记住的为数不多的两个太原街道。再次见到母亲那次创作的作品，已是在中国美术馆的展厅了。

文津巷西邻山西大学旧址，巷北口往东可达文庙，是太原文化荟萃之区，故名文津巷。清乾隆时，在承德避暑山庄建了一座文津阁用来收藏《四库全书》，从那时起“文津”二字便在很多地方为世人沿用。

◎ 文津巷与文庙毗邻，约三百余米长，多小门楼，虽年久失修，但看上去仍算坚固，墙砖平整清晰，有些砖雕保存完好！

萧刚 Liao Gang 於并州

文津巷门楼

太原文津巷

太原文津巷上的很多老屋都已出现状况，砖雕等各式建筑构件均破损严重。2009年很多老民居被挂上“历史民居”的牌子，几年过去了，这些民居尚未得到实质性改善。

太原市目前大致划为五大历史风貌区，按照地理位置，文津巷应属“文庙—文瀛湖历史文化风貌区”。该区形成较早，大多数建筑建于明朝，如皇庙、崇善寺、文庙、纯阳宫等具有较高的文物价值和鲜明的宗教特色的古建筑。也有建于清末民国时期的，具有教育文化特征，并融合了近现代革命活动的历史遗存以及明清、民国时期的商业建筑和民居建筑。

◎文津巷名字很好听，所以在巷中见到的建筑也总觉到一份少有的亲切感，往返了数次才完成这幅看起来并不复杂的门楼。主要是着重刻画了一些细节，连被毁掉的门楣上的三个字，仔细辨认好像是"安之居"。

太原文津巷

侯家巷山西大学堂

光绪二十八年（1902），英国传教士李提摩太提出利用清政府“庚子赔款”兴建山西大学堂，山西巡抚岑春煊奏准，以文瀛南乡试院为校址（即石末中学专斋）。4月，李提摩太创办中西大学堂（即西学专斋）。5月，两学专斋合并，成立山西大学堂。光绪三十年（1904），位于侯家巷的新校舍落成，中西两斋同时迁入。

山西大学堂旧址，位于迎泽区侯家巷6号，旧址坐北朝南，占地18万平方米，建筑呈中西结合风格。中轴线上建有大礼堂、大成殿，西区建有中斋讲堂、中斋讲习宿舍、学生宿舍，东区则分别建西斋讲堂、藏书楼、阅览室、仪器室、物理化学试验室、博物馆等。校门、大礼堂为当时全省唯一的无大梁、无内柱新式建筑。大礼堂由主楼与两侧附属楼组成，主楼宽三间，顶部有平台，上建方形钟楼一座。大礼堂前有大成殿，红墙绿瓦，殿前设赏月台，可容五六百名学生。东区建筑具有西洋风格，西区建筑则有中国传统特色。现今面积75000平方米，建筑面积38000平方米，为太原师范学院所在地。

◎ 位于太原市区的山西大学堂，1903年（清光绪二十九年）山西巡抚与英国传教士筹设之，主体为晋阳书院、令德堂、中西大学堂合并。现旧址在五一广场附近的侯家巷。此中部主楼东西二层砖木结构，由英人设计，具欧洲风格，保存完好！

廖刚 Liao Gang 画於并州

侯家巷山西大学堂

太原皇华馆

皇华馆应该是有些来头的，按字面的理解，此地系皇华使者所居之地，即科举时代主考、副主考的接待所。

皇华馆听起来很气派，不像是街名，来太原这么久，老是对不上号，因为短短的一条街道上只能找到我画的这幢房子，看上去有点年头，但怎么看都不像皇华馆。翻阅书本，上网查，提它的甚少。太原的街道，一般南北称路，东西称巷，这里短短的200余米的小街口上只立一牌子“皇华馆”，这倒会使人很想考证其出处。

皇华的含义当是“皇皇者华”，是《诗经·小雅》篇名，谓君遣使臣之诗，送之以礼乐，言远而有光华，即勉其不辱使命之意，世因以皇华为称颂使臣词。皇华馆地近明清时的贡院，这里接待代表天子下来网罗人才的主考官，应当是合情合理的。

◎皇华馆，东口接五一路，西口接海子边，自东向西仅二百余米。太原地区习惯上以南北为路，东西为街，但此段上的路牌清晰地写着"皇华馆"三个字！

萧刚 Xiao Gang 于并州

太原皇华馆

海子边万字楼

该建筑修建于1937年，至今已有70多年历史。此楼因其特殊的“万”字形，被称为“万字楼”，万字楼位于文瀛湖东侧，占地面积1300多平方米，具有很高的人文、历史、文物观赏价值，被太原市列为首批文物保护单位。因年久失修万字楼较为残破，并且该楼周边乱搭乱建严重。多年来，这座木结构的房子一直是市图书馆的职工宿舍。2006年，斥资300万元的修缮万字楼古迹工程，基本上恢复了万字楼的原貌。

万字楼是民国二十六年，阎锡山送给其父阎子明的寿诞贺礼，具有很高的人文、历史和文物观赏价值，在中国建筑史上具有举足轻重的地位。

⊙"萬字樓"位于海子边文瀛湖东北角，是阎锡山为其父所建，近年修葺一新，夏日来临，楼前之池塘睡莲朵朵，游人如织！

海子边万字楼

文瀛湖畔劝业楼

画中的“劝业楼”位于文瀛湖畔，是一座雕梁画栋、古色古香的二层楼建筑，这座经历了百年风雨历史的小楼1986年重修后改名为“孙中山纪念馆”。

“劝业楼”楼体较长，在构图比较容易表现全貌，但它的正面是一座纪念碑，我原本的正面平行构图只好改为半侧成角。这里现在是开放的公园了，人来人往，能静心画这座细节多多的楼，实在是件极不轻松的事。

“劝业楼”是一座民族风格歇山顶式的二层建筑，清光绪三十一年（1905）山西巡抚张之洞为了促进新政变革而建。“劝业楼”建成之初名为“劝工陈列所”，所陈列者为山西各种土产品和手工业制品，意为推广、发展民族工业。

20世纪上半叶，太原发生的许多重大事件都曾与劝业楼有关，尤其是1912年9月孙中山先生来太原时，曾在劝业楼上对数万名各界群众凭栏发表演讲，宣传革命主张，成为山西革命史上辉煌的一页。1928年冬，文瀛湖所在的文瀛公园改名为中山公园。1945年抗战胜利后改名为民众公园。1950年山西省政府将其改名为人民公园。1982年又改名为儿童公园。

◎ 始建于清光绪卅一年(1905年)的劝业楼，坐北朝南，为二层硬山顶楼阁建筑，上下二层均出前廊，面阔七间，进深3间。1912年9月孙中山先生在此处发表过演讲，后辟为纪念馆。
Liao Gang

文瀛湖畔劝业楼

南肖墙关帝庙

位于南肖墙西端有一片古旧的建筑群，在我十几岁时来太原，就有印象。那时这里还处在原生态中，周边也没有什么宽些的路，一直到三墙路都是那种颇为亲切的老街，骑一辆自行车，穿行在散发着炊烟味道的小巷中，不时有一两只顽皮的小狗追逐嬉戏。记忆最深的要属那间老屋改造的老邮局，踏着青石板，抚摸着裂纹满满却很光滑的门柱，迈进当时略带现代气息的黑黑的很阴凉的大厅，购一枚8分邮票，用木棍挑一点硕大瓶里的糨糊，在信封上粘牢，小心翼翼地投递到墨绿色的邮筒中……也许太怀念，那条渐渐模糊的老巷还不时地出现在梦中。

南肖墙关帝庙位于南肖墙88号。现存建筑为清代手法。坐北朝南，占地面积约5000平方米。存过殿、正殿、厢房及东、西偏院等建筑。正殿为二层单檐歇山顶建筑，面阔五间，进深三间，前有廊。东偏院正殿面阔五间，硬山顶勾连搭卷棚顶前廊三间。浙江会馆的主体建筑，面宽五间，进深三间。正中是会客议事厅，前廊后厦造型庄重。前廊有两排16根黑漆巨柱支撑，房檐下是白色象头拱，四角飞檐严重缺损，廊柱间雕着舒卷的荷叶，内有荷花、菊花、牡丹、兰草图案的精美木雕装饰。

南肖墙关帝庙

南肖墙角楼

明太祖朱元璋于洪武三年（1370），封其三子为晋王。受封后晋王在今“精营”一带修筑晋王府宫城。王府坐北朝南，开三门，按方位称东、南、西华门，后将门名袭用为街名。晋王府的宫城外筑有萧墙（萧即肃，墙谓之屏，原指古代君王宫室前边的屏风，大臣到此肃然起敬）。与晋王府萧墙有关的街巷有东、南、西、北、上肖墙。“肖”明代作“萧”，今简之为“肖”。

说起南肖墙真是再熟悉不过了，我哥婚后的第一处住所就在南肖墙附近，当年我上大学每到周末就会来这里，和哥嫂挤在一间十几平方米的小屋里，吃着他们为我做的香香的饭菜，真是怀念至极。南肖墙地处繁华地段，西段和柳巷相接，近年来太原大规模改造这一地区，将原有的和它相邻的大小濮府拆得没了踪影，周边也建起了高大的城堡似的建筑群，这条街上原有许多老字号的店铺都拆得差不多了。

从去年开始南肖墙的道路终于迎来了它的春天，整段路封闭施工。我路过它与五一路的交会口，那座老旧的角楼依旧顽强地挺立着，那间很老很老的理发店还在营业中，让人不时想起那段与南肖墙有关的简单而幸福的时光。

◎ 位于太原市南肖墙东口的华文美容厅，已有好多年的经营历史了，它所在的角楼历经改造，仍未掩住洋奇迹，从外表可以看出其砖石基本构造，现此处正在大规模施工中。

萧刚 Xiao Gang 画于并州

南肖墙角楼

太原电灯公司旧址

位于太原市杏花岭区南肖墙12号院内的太原电灯公司旧址建于1908年，在太原市历史文化风貌区历史建筑名录被列为第232号历史建筑。这个世纪老厂遗址,现在已成为太原近现代工业历史的标志性建筑之一。

在南肖墙原省电力公司院内西北角，有两座建筑物，一根粗大的烟囱，我大学毕业后在附近住过一段时间，经常可以见到它，外壁上有很多破损，还能清晰地看到战争年代留下的痕迹。旁边的旧式厂房顶端,保留当时镶嵌的数字“1908”。

位于南肖墙原省电力公司院内的大烟囱已经废弃了许多年，我在附近也曾经居住了很长一段时间，也曾对它孑然耸立的斑驳样子产生过疑问。后来从一些老居民口中得知它也曾风光一时，在太原现代工业史上有着浓墨重彩的一笔，它就是原太原电灯公司旧址，近年经过修整后成为现代工业遗址，供后人参观。
2013.12于并州

太原电灯公司旧址

天地坛门楼

天地坛实为晋王府祭祀天地的地方。民国初年陆续修建有民宅，形成街道。我对此地颇为熟悉，曾在附近居住过好几年，因为邻近太原最繁华的商业区，估计开发是迟早的事，这里可以找到的，比较入画的也就是这扇布满铁艺饰物的老门了。门前有一条通往府东街的便道，当我画这扇看上去脏兮兮已看不出本色的门时，过往的行人都向我投来异样的目光……

晋王府分别建有“天坛”和“地坛”，分别举行祭祀天地的活动。这是按明代建坛规制所设立。每年的夏至与冬至前夕，晋王都沐浴、斋戒，举行隆重的祭祀礼。因晋王府祭祀天地的神坛相距极近，所以把这里叫成了“天地坛”，但遗迹已无迹可寻。

天地坛门楼

鼓楼街唱经楼

位于太原市区鼓楼街与北司街交会处。始建于唐代，据清道光《阳曲县志》载，明万历三十七年（1609）左布政刘鲁重修。

明代乡试每三年在并州举行，八月考试。考中的举人名单在这里揭晓，并在楼上高唱前五名“王经魁首”的名字，故曰“唱经楼”。唱经楼为亭阁式二层建筑，颇为俊美。坐北朝南，由唱经楼、过廊、大堂和后院组成，现存殿宇18间。楼基砖砌，边宽9.2米。其上建二层楼阁，面宽三间，进深三间，重檐十字歇山顶，殿顶绿色琉璃瓦覆盖。一层前置垂花门楼，后墙有门，通过廊可达大堂、后院。

鼓楼街的唱经楼曾经破烂不堪，2003年政府出资进行了重修，变得焕然一新，却始终未对公众开放。

萧刚 画于苏州 2010年6月

◎ 鼓楼街唱经楼，此楼为新修缮后的样子。虽据原图等比例在原址修建，已有失原状之古韵，但结构基本还原。

鼓楼街唱经楼

鼓楼街

从明代的太原地方志书中得知，鼓楼街形成于元明之际，清初正式命名“鼓楼大街”。我们现在的鼓楼街，就是由原鼓楼大街、唱经楼街、楼儿底街、估衣街和过门底等五条街巷合并而成。

我画中的小二楼位于鼓楼街与柳巷交叉口，整条鼓楼街拆得差不多了，仅剩它还暂立于此。鼓楼街和钟楼街原是太原市两条最重要的商业街，街道两边的小店在繁华中记录着自己的历史，一些小店已经有百年历史了。

说到太原鼓楼街上的鼓楼，那是相当的了不起，是明清至民国上下600多年间太原城内最高大、最宏伟的建筑，完全可以与遐迩闻名的西安钟楼媲美。据载，太原鼓楼“楼高逾十丈，雄镇八门。下为楼座，积土为台，外砌砖围，高达三丈，东西长百余步，南北宽八十余步。上为木结构三层楼阁，高达七丈。飞檐斗拱，雕梁画栋，琉璃瓦覆顶，十分壮观”。早年，每逢三月三的“登楼古节”，更是城民集聚，游人如鲫，热闹非凡。可惜巍巍鼓楼在解放太原战役中毁于战火。

◎ 鼓楼街一角，此街以羊杂割小吃闻名，
现在正处于改造状态、拆的七零八落，仅留柳巷东角这间小楼。
萧刚 Liao Gang 画于并州

鼓楼街

太原食品街

1985年旧城改造时，路面拓宽为10米，并将街道两旁的旧房拆除，建成以二层楼居多的仿明清建筑。因为当时这条街上多经营食品，所以扩建为专门经营地方风味的街巷——食品街。

当我拿起画笔准备勾勒食品街时，莫名的失落感便弥漫在纸上。它当年是何等的风光啊，凭着全国八大菜系和山西地方风味魅力一度在省城饮食业称雄。但不知何种原因突然败落，只留下一条鸡肋般的街道……我纸上的颜色也变得单调起来。

食品街现在所在的地方，宋代时是太原的商业中心，而且街上多有帽子作坊，所以被称为帽儿巷。据史料记载，帽儿巷旧有晋绥地方铁路银行、和合生银号、长春楼珠宝店、天庆丰津货店、文宝斋书社、香积圆饭店以及永顺帽庄等。

◎ 太原食品街位于市繁华地段，北临省政府，
南与鐘楼街交汇。近十年呈败落趋势，北段已破旧不堪，
仅南段还显示出旧日繁华，以小吃烧烤为主。

萧刚 Xiao Gang

画於并州

太原食品街

北岳庙老宅

北岳庙（巷）西通帽儿巷，东与察院后相接。以明建北岳庙而名。清时称北岳庙巷，民国沿称，今称北岳庙。

我在这条街走过好几个来回，污水遍地，一道施工围墙将此巷的北半部纵向分割开，留下不足3米的窄道。问过几位在这里居住的老人，都表示愿意政府早日拆迁，因为他们居住在这里的房子已近百年，已是危房中的危房，一位老者说她今年70多岁了，从小住在我所画的这处院落里。看到我仔细观察房子的样子，误把我当成拆迁部门的人了……

北岳庙11号位于钟楼、鼓楼街改造区范围内，据住在此处的老人讲，此宅已有一百多年历史。从外形依稀能看出往日丰华，现已破败不堪，居民们盼着早日拆迁。

萧刚 Xiao Gang 画于并州

北岳庙老宅

靴巷书业诚

得见此宅，实属偶然，这还要托儿子之福。每周送他们学琴，我有一个半小时的自由活动时间，闲游中进了一极窄的小巷，仅容一人推自行车前行，从路牌得知名曰“靴巷”。行至中段，忽见一门楼，虽破旧但隐约有木雕砖刻饰之，穿过一道幽暗的门廊进去，豁然开朗，一精致院落现于眼前。院中古朴雅致，但略显杂乱，显然还有人居住于此，门头上鲜红的春联，和台阶上崭新的电动车与老宅相映成趣。

在充满古味的青砖瓦砾大门上，赫然写着“书业诚旧址”五个大字。这是一座典型的山西四合院，房屋32间。临街的前(东)楼是商店店面，二层为库房；北房是店员宿舍，南房东头是账房与店面相连，南房西头是厨房；后(西)楼底层是东家渠氏在太原的住房，二层是书房书库。“它和祁县渠家大院的不同点在于建造年代晚，融入了民国初年的西洋建筑艺术，形成了一座典型的中西合璧建筑，前(东)楼欧洲风格的阳台和精美的铁艺装饰在传统中国的四合院中极为少见”。

“书业诚”是祁县商人渠仁甫先生在太原开办的古籍出版和文化用品销售商号，主营书籍、字画，兼营文房四宝、文具、办公用品等，生意兴隆，名扬三晋。

◎ 位於靴巷35号的書业诚旧址。

是祁县梁仁甫先生於1915年创办的書店和寓所。

其前身是乾隆年间山西历史上最大的私人書房——"書業德"。

建筑采用中西合璧式，占地近300亩。

萧刚 Xiao Gang 於并州

靴巷书业诚

咸肉巷

穿梭于钟楼街与食品街之间的行人极多，如果不是刻意找寻绝不会注意到它，因为它实在太小了，小到根本不像个巷子，两人并行都有困难且很短，仅二三十米的样子，如不是巷子尽头仅存的一点雕饰，就完全没有画它的必要了。正因为如此，这件内容不多的画，成了我画作中很特别的一幅。

太原有很多与食品有关的小街巷，如馒头巷、牛肉巷、猪头巷、酱园巷等。或许是咸肉巷太小了，记载它的文字很难寻觅。它位于柴市巷与钟楼街交会处附近，巷口朝西。我想咸肉巷得名应该很简单，不会有什么传说或其他理由，就是因为古时巷内居民多以加工、出售腌制的咸肉为业而得名的吧。

在钟楼街与柴市巷交汇口，有一条极为特别的小巷，长却也就
二三十米的样子，据说当年一户人家，如果不是从残存的砖饰上判断
很难与"宅"联系在一起。周边商铺来往行人较多，但我在
观察中发现几乎无人理会这个名字古怪的巷子，在巷口的墙
钉着一块小牌，上面写着"咸肉巷"三个字。
蕭剛 XiaoGang
2011.6於濟南

咸肉巷

山西省银行旧址

山西省银行旧址为太原市内保存较为完好的民国时期欧式建筑之一，具有明显的时代特征，是研究近代金融发展及民国时期建筑艺术的重要实物资料。

山西省银行旧址位于太原市鼓楼街，我每周带孩子去艺校就路过此地。总有种欲望，进去看看，可惜这里好像已被人遗忘……

山西省银行1912年设山西官钱局于此。发行货币，垄断纸币的发行权。太原解放后，军事管制委员会接管该银行。旧址坐北朝南，建筑占地面积430平方米。现存为二层砖混结构建筑，立面为西方古典式，由台基、墙身及顶部三段组成，建筑中部设4根奥尼克柱，两端为砖石结形式，墙角各设一阳台。

◎ 山西省银行，1912年设山西官钱局于此，1919年成立省银行，并在本省各地县城地区设分行，在天津、上海、北京等地设立分支机构，发行货币，垄断纸币之发行权。解放后，军事管制委员会接管该行。

该建筑为欧式风格，较精美，占地430m²。

萧刚 XiaoGang 於并州

山西省银行旧址

晋绥铁路银行旧址

原晋绥铁路银行大楼是山西省地方印发纸币的官私金融机构。自清末至民国时期50余年,山西省发行纸币的金融机构多达八家。其中规模大、发行时间长、数量多的银行，就有这里的晋绥铁路银行。2009年出台的《太原历史文化名城保护办法》，将这栋大楼列为受保护的历史建筑。

邻近省政府的帽儿巷中段，有一处灰白基调的小楼，很喜欢它侧面的几扇小窗，正午的阳光洒下，雨搭下的阴影很漂亮，虽破旧，但很有种木刻的味道，我会经常驻足看上几眼。前两年带孩子学琴，常从那里经过，最近路过这座小楼，忽然感觉有些不对劲，近观却原来是画蛇添足般的被粉饰了一番……

兴旺商店
原晋绥铁路银行旧址，位于紫市巷中段，以清末至民国50年间是山西省地方印发纸币的官私金融机构，但要是当时规模最大，发行数量和时间都最长的一家。现旧址虽挂了保护铭牌，但仍有商家租用，环境堪忧！
萧刚
Liao Gang
2011.1

晋绥铁路银行旧址

道台府老宅

偶然一次机会，在太原最为繁华的地段让我与它邂逅，如果不是走岔了路，绝不会想到这里会有如此规模的一处老宅院，看着高墙大院露出的精美屋檐雕饰，我断定此处绝非普通人家。欣喜之余，和来往于此的住户攀谈，得知此处名曰“道台府”（即开化寺民居），是太原市2001年公布的重点文物保护单位。

“以前，大门口有石狮子，还种着大槐树；院子里有花园、鱼塘、还有睡莲；房檐屋角到处都挂着宫灯；窗户上糊着漂亮的窗纸，屋檐、房梁上精美的花纹都用金锡箔纸裱过……”一位年轻时就居住在这里的老人说起往事，神情明朗。

位于太原市迎泽区开化寺南街34号院和西街28号院,是清道光年间一李姓道台衙门的办公和居住之地。建筑为四合院，呈山顶建筑，房屋均为砖木结构，两院共有大小房间40间。34号院现为四进院和一个北偏院，二院有雕刻门楼，三院有牌楼门，是一处能体现并州古民宅的典型建筑。属市级重点文物保护单位。

道台府老宅

柳北古槐

接到晚报记者打给我的电话，问我是否有太原古槐方面的画作，说有几篇写太原古槐的文章很精彩，希望我来插画。很可惜，虽然我也搜集了这方面一些资料，但还未来得及整理成画，不过我还是专门为此跑了一趟，因为这几棵古槐应该是见证龙城沧桑变迁的唯一活物了，值得一画。作品见报后，仔细看了那些文章，读过后，对古槐之敬仰之情如滔滔江水，连绵不绝……

柳巷北口的两棵古槐，巍然屹立在汉白玉围栏内，虬枝铁干，饱经沧桑，用旺盛的生命力陪伴着古城太原的复兴。冬日迎寒风而傲雪，夏日顶绿荫而蔽日，两棵古槐，已成为柳巷闹市的一道生态景观和文化符号。

柳北古槐

庙前街关帝庙

明清之际的太原城，庙寺观庵不下百余座之多，仅关帝庙就在二十座以上。据《阳曲县志》所载：关帝庙在城共有二十七座。在这二十七座关帝庙中，规模最大者，建筑最雄宏者，形制最完整者，则非庙前街之大关帝庙所莫属。大关帝庙现存为金元基址上的明代建筑，该庙坐北朝南，为二重院落，中轴线上依次坐落有山门、崇宁殿、春秋楼，两侧分别为钟鼓楼、碑廊、厢房等。

原庙前街的关帝庙，又被称作武庙，同文庙相对称。这里我原本不太熟悉，几年前，我的大学好友迁居于此，我路过不少次，总觉得机会很多，也就没进去看看。最近重看三国，对武圣人又有了新的感受，想起了去看看那柄温酒斩华雄，斩颜良诛文丑的青龙偃月刀究竟是何等的神奇……

关帝庙从明以来成为我国城邑建筑中不可缺少和偏爱的祀庙。在太原这个崇尚武术的北方军事重镇中，更受到传统的青睐。

◎位于庙前街的"关帝庙"外观精美，院内主殿"崇宁殿"创建于金元年间，现存为明代建筑。宋徽宗封关羽为崇宁帝君，奉祀关羽主殿因此得名。

Liao Gang

庙前街关帝庙

解放路清真古寺

“清真古寺”原名“清修寺”，是山西省第四批重点文物保护单位。它是一座历史悠久的清真寺，根据1876年的碑文记载：该寺最早创建于唐朝（618～907）年间，后不断重修。现存的建筑基本上是明代建造。

该寺为两进院落，传统的中国风格建筑。主要包括有大门、省心楼、碑厅、礼拜殿、讲经堂、牌坊、水房等。在大门前方的牌坊上面写着“清真古寺”四个大字，笔力雄健，据说是顺治二年太原知府王觉民的手迹。礼拜殿是核心建筑，有卷棚、大殿和后窑殿组成，融合了中国传统风格和阿拉伯伊斯兰建筑风格，内不见砖，外不见木，很有特色。

这座“清真古寺”地处太原繁华地段，位于解放路20号，与太原著名的柳巷商业区毗邻，可能人们对伊斯兰教不了解，所以很多人从门前经过而没有试着进去看看，想必大多数人和我一样的心理，怕无意中触动到人家的清规戒律。我试着跨入其中几步，便被看门人叫住，我说是对此建筑感兴趣，才免去被赶出之尴尬，但被告知不对外开放，很遗憾，我只好在门楼内外仔细地看了看，拍了点照片。回家在网上查了一些资料，算是完成了对“清真古寺”的简明介绍。

◎ 太原清真古寺位于解放路31号，始建于唐贞元年间（785－805年），经历代修葺，现存古寺为明清建筑。其内部礼拜大殿内无佛像，塑像，不烧香，不摆供，装饰纹样都由阿拉伯文字几何图纹组成，具有浓郁的阿拉伯风格。

Liao Gang 画于并州

解放路清真古寺

解放路天主堂

太原天主教堂位于解放路367号，是一座古罗马风格的高大建筑，我在选择绘画角度时比较犯难，它的正面由于拆掉了原有的围墙，变得有些突兀，外墙修缮时通体被刷成铁红色，间以白线装饰，这样看上去失去了原有的历史厚重感，好像给一件古董刷上鲜艳的油漆，我只好选择侧面，有些树木做局部遮挡，破一下太过鲜艳和平板的外表，另外在绘制上尽量把一些竖的直线画得粗糙些，但效果仍不是太满意。真是感叹有些所谓的专家，办起事来却像个幼稚的孩子……

天主教传入太原始于1633年，是在利玛窦来华第51年后，由比利时人耶稣会士金弥格（Michaelrrigault）由绛州传来的。

这座天主堂始建于同治九年（1870），庚子年（1900）被毁，光绪三十一年（1905）重建，占地约13.3万平方米，现存4300平方米。主建筑为礼拜堂，旁有两座西式尖顶钟楼。天主堂是太原市规模最大的天主教友活动场所，也是省市天主教爱委会的所在地。

位于解放路的天主堂，始建于清同治九年（1870年），光绪三十一年（1905年）重建，4300平方米，保存良好。坐东朝西，仿罗马式建筑，37米高，现为天主教爱国会所在。
Liao Gang

解放路天主堂

府东街督军府

太原督军府旧址现在是山西省政府所在地，位于太原市府东街101号。它的正门对着的就是帽儿巷，在和巷子交界处改建出一个小型广场，用一道做工较粗糙的浮雕墙隔开。如果单纯从美学角度来看，督军府正门的外观并不适合绘画，主要是造型太过规矩，高度和宽度都不足，所以显得气势不佳。我在提笔画时尽量画得随意些，为了增添活跃的元素，我搞了一些疾驶的小车，原本想要去掉的隔离杆也画了进去，最后在填色时省去了一些边缘建筑。

督军府始建于北宋初期，迄今已渡过一千多个风雨春秋。千余年来伴随着改朝换代，历经沧桑，屡经修缮、改建和扩建。一直为山西的政治中心，决策者的府第。北宋大将潘美曾在山西太原晋府(督军府) 扎营做帅府，后为州治、府治、山西太原督军府，元代为行中书省治。明、清两代统治者又将此院作为山西的巡抚衙门。

辛亥革命之后，这里成为阎锡山的督军府,山西省政府、太原绥靖公署。抗战初为第二战区长官司令部。太原沦陷后为日伪山西省行政公署所在地。日寇投降后，再度为阎锡山府署。1949年 4月24日太原解放，同年9月山西省人民政府正式成立，至今一直为省人民政府驻地。山西太原晋府(督军府) 大院目前的建筑是解放后人民政府在民国和日伪统治时期建筑布局的基础上改建和扩建而成的。1986年定为省级重点文物保护单位。

◉ 督军府旧址，1916年阎锡山任山西督军，故称"督军府"。现为山西省政府所在地，内部文物建筑保存完好，为省级重点文物保护单位。
画于并州

府东街督军府

三桥街吉祥照壁

三桥街从它问世之后，在太原的大地上默默无闻地度过了十个多世纪，是太原近代工业的产生，唤起了它的新生。光绪十八年（1892），山西省的第一个近代工业单位——太原火柴局，就创建于三桥街畔。

三桥街位于太原杏花岭区南部，是由原上三桥街和下三桥街合二为一的。关于三桥街名的来源，至今还流传着一个古老的传说。相传，唐朝末年，突厥沙陀部族首领李克用率大兵南下进军晋阳。七月的酷暑，将士们饥渴难耐。附近只有一眼井，而这眼井水深莫测，连连下了几只桶，都是有去无回，弄不到一滴水。李克用跑到井台口后，便见井水突然翻腾上涌，直冲井口流溢如泉，水中隐隐约约飘荡着三座金桥。克用和围观兵士无不惊奇。这时，从水中传出一个老态龙钟的声音："克用，此去晋阳不可妄杀无辜，维系唐祚，自有王爵。"此后二日，沙陀兵卒果然顺利得晋阳，未几，唐主又下诏，封李克用为晋王。

井中所嘱应验之后，李克用对此井奉若神明，立即使人在井台砌筑琉璃井口，形制八角，取名"琉璃八角井"，并把井所在的那条街定名"三桥街"。据说，此井就是后来下三桥街三府巷的那口琉璃八角井。

这个听起来近乎怪诞的传说，一直流传了下来，可以肯定地说，这个故事的产生就是李克用为政治上的需要，而编造的神话。但是，从这个传说中，似乎可以窥出，三桥街的产生有着久远的历史，似应和唐明镇同一历史时期问世。如果确是这样，这可以算做太原城最古老的街巷了。

◎三桥街有很大的一处老宅院，有大门楼、精致的影壁墙就可以看出其当年的风貌。进入院中房屋结构清晰，附加建筑很少，只是租住人员复杂，堆积的污水垃圾使原本古朴雅致的院落变得令人心痛！

萧刚 XiaoGang 2010、初春

三桥街吉祥照壁

城坊街城隍庙

“崇墉为城，环水为隍。”用现在的话说，城是指城墙，隍乃指护城河。而城隍庙是中国各类庙宇中的一种，是祭祀护城之神的庙宇，为求雨、祈晴、禳灾之所。在我国的传统中，认为城隍神不仅能保佑全城百姓福寿安康，而且对善恶人等能够及时地阴以报赏和惩罚，补阳世间王法所不及。所以，凡是有城镇的地方都要建城隍庙，将城隍之神列入祀典，奉为全城最不得了的神明。

说起太原的城隍庙，名气也很大，以前带孩子去动物园，总要经过那里，只记得庙前的那条街一直是小商贩的天堂，后经过多次改造，越改越没人气。动物园搬走后这里又成了房地产开发商的天堂，龙潭湖周边的旧房屋都要被拆，改为天价楼盘。但愿这座城市的守护神的驻地，能幸免于难。

太原城隍庙位于太原市杏花岭区城坊街3号，建于明洪武三年（1370），史料记载其占地面积为1万多平方米，庙内有四进院，前院有亭阁，作供奉祭祀场所，中为正殿，内供城隍爷神像，后为寝殿。

⊙ 城隍庙位于解放路天主堂西侧，西临龙潭湖，原是太原市屈指可数的繁华之地，但旧址多年无人修缮，破败不堪。画中有"危险"字样的墙壁近期曾大面积倒塌，政府堵之，但难逃毁掉之命运！

萧刚 Xiao Gang 于并州

城坊街城隍庙

太原城隍庙

这幅画完成不久，城坊街发生了很大变化，一条崭新的道路一直通到龙潭湖公园，四周围起的广告牌上，露出了正在修葺的城隍庙殿顶，原本杂乱不堪的集贸市场不见了，这座城市的守护神居所作为城市古建筑的存在价值得到认可。

城隍庙位于杏花岭区西城坊街3号。据清道光《阳曲县志》记载，城隍庙始建于明洪武三年(1370)，明万历二十七年(1599)重修。城隍庙坐北朝南，占地面积约3000平方米，一进院落布局，现存有钟楼、鼓楼、东殿、西殿。民国二年(1913)，太原军政府除旧布新，革除传统封建祭祀，在城隍庙内建立了太原第一座生产棉毛制品的轻工企业——平民工厂。抗日战争时期，工厂被阎锡山改建为印刷厂。由于年久失修已经破败不堪。城隍庙是道教的观所，但这处城隍庙曾经供奉了佛、道、儒三教塑像，具有极高的历史文化价值。

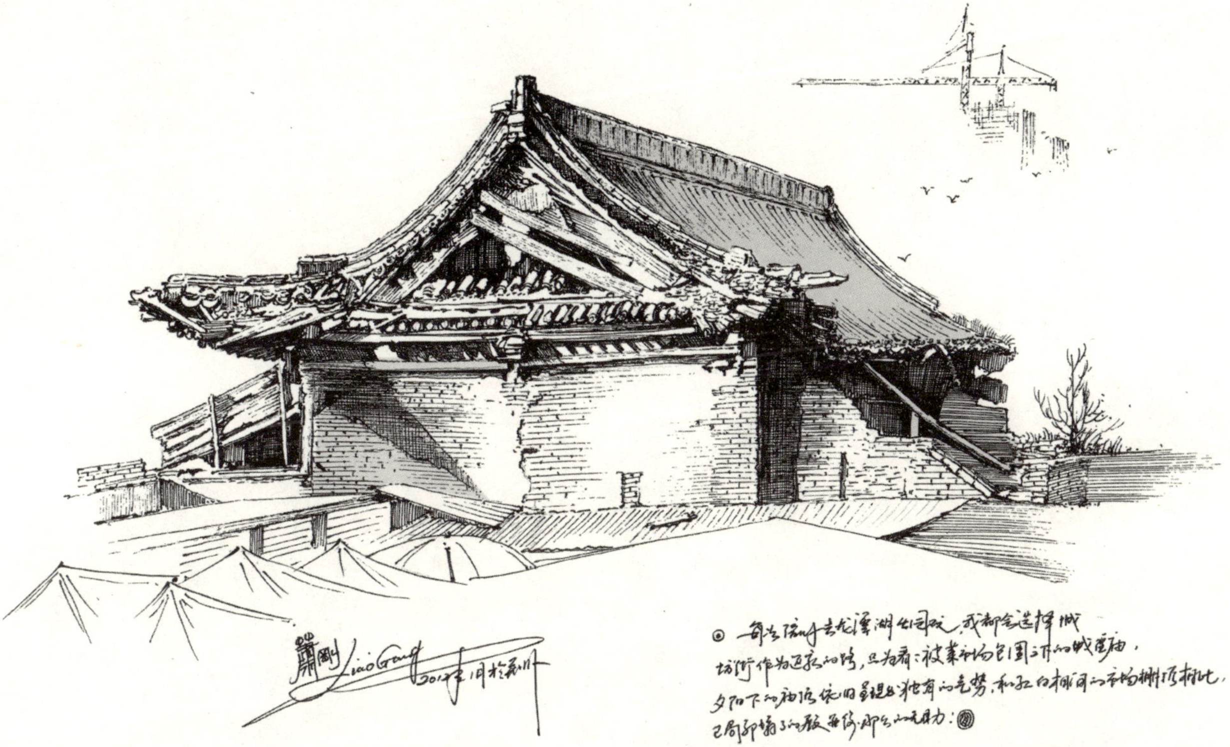
每次陪同学去龙潭湖公园玩，我都会选择城
坊街作为返家的路，只为看看被菜市场包围着的城隍庙，
夕阳下的庙顶依旧呈现出独有的气势，和红白相间的市场棚顶相比，
已阅印满了破旧，却依然有魅力：

太原城隍庙

东三道巷民居

东三道巷因位置邻近市中心医院，所以显得比较热闹，这里小商铺林立，早点摊、杂货店、小饭馆都围绕着医院这块宝地生存着，人多店多垃圾多，这样的因果关系因一所医院而理所当然的成立了。2008年底，孩子的姥姥突发疾病就住在中心医院，这条道经常路过，注意到东段位于坝陵北街附近的地段有一片老宅院，从门楼的结构来看，应该还算得上是过去的大户人家，究其根源，附近的人无人能说清。

明代太原城西北门，初名镇朔，后改镇远，清代亦称大北门。后演化为地区和街巷名。以大北门而名的街巷，清代有大北门街及派生头道巷、二道巷、三道巷。民国时有大北门街及其派生的东头道巷、东二道巷、东三道巷、西二道巷、西三道巷，上关街及其派生的上关头条、上关二条，以及阁外街、土门街。1956年大北门街并入解放路。派生的东头道巷、东二道巷、东三道巷和西二道巷、西三道巷仍存在。

◎ 位于东三道巷的老宅民居，向南通往解放路，这条巷小铺林立，卫生条件较差，因位临市中心区域，来往人流较多！
萧刚 Xiao Gang

东三道巷民居

永兴路老宅（一）

永兴路是一条极具历史意义的街道，周边布满了建于民国时期的民居。太原市规划委员会会议讨论通过了《太原市历史街区历史建筑名录》，永兴路被划入东三道巷历史文化街区的保护范围，周边的13处民居都被列为历史建筑。永兴路，道路两旁基本都是清一色的老式居民住宅。

看到博友太原公子的一篇关于永字头老街巷的文章，决定把手里已有资料整合一下搞个系列。先后去了很多次，把这些街巷中有特点的宅子看了个遍。在画的时候没有遇到什么问题，只是回来后发现很容易把街名搞混，老是张冠李戴。于是画中这辆车子便陪我往返于家和老宅之间，可谓立下“汗车功劳”，只可惜这幅画完成后发现没锁到车棚中的车子被人盗走了，它也因此偶然地留在了我的画中。

永兴路老宅（一）

永兴路老宅（二）

永兴路有很多老式居民住宅，这些建筑明显具有民国时期的风格。砖、木、石雕点缀其间，建筑错落有致。大多数老宅是典型的传统四合院建筑房，墙身为青砖砌筑，屋顶是木构架，梁枋上一般都有贴金彩画和砖雕，十分精美。

这几条“永”字头的街巷中，属永兴路的民居保存最为完整，而且数量也多。三墙路靠近东三道巷有一条东西走向且不足50米的小巷，进去后就可以看到这处宅院。如果不是看门牌，会误以为是东三道巷的院落。选择一个下午来到此处，光线从西南方斜射过来，使得门楼呈现出少有的立体感，巷子很安静，偶尔进出的居民会向我投来不解的眼神，像是在说，这有什么好看的，值得站那么久……

永兴路老宅（二）

永宁路民居

来回穿梭在一条条老街之上，希冀着找到完整清晰的宅院，可这种机会越来越少。在喧闹的都市中，被高大楼宇分割包围下的老宅，又被杂乱的现代砖瓦砌成的临建房屋所吞没。只有偶尔露出的老房屋脊还倔强地向世人证明着它的存在。作为一名画者，这一星半点的依据实在不能为其还原旧貌，我也只有将这些遗憾化作些许动力，努力在残缺中寻找画机。永宁路上几乎见不到像点样的宅院了，我骑车走了几个来回，不经意发现一道拱门后扇面状的砖饰门头，就它吧，算是为永字头街巷留下些痕迹，要不然这几条兄弟般的巷子就不全了。

永宁路据说建于1918年左右，当时阎锡山的一名军需处处长在此建宅。在1931年，这位处长领军饷回家，天色渐晚，路灯昏暗，被早已等候于此的劫匪抢劫一空，所幸没有伤人，老话说破财免灾吧。后为保平安，取名永宁路。

永宁路民居

永定路老宅

在永定路上见到这座不太起眼的院门，驻足很久，吸引我的不是已破旧不堪的门楼，而是门楣上书有“养云轩”三个字的匾额。字由整块板材采用浅浮雕的形式制成，字体工整且很有力度，明显带有魏碑的风格，只知道颐和园里昆明湖畔有座著名的“养云轩”，但在此处见到这样的字样，就不大好理解了，这里名既为“养云”，自然要有朦胧、飘逸的云。此“云”何来？当年的院落是否辉煌过，不得而知，如今浮云散尽，只留下令人感慨的沧桑。

永定路，北起东二道巷，南至城坊东街，长400余米，宽近8米，在几条永字打头的街当中最长。也有老太原人叫这里为南瓜园，据说这里以前是一大片菜地，多种南瓜而得名。民国初期，道路两旁陆续建房，人们希望生活永远安定，取名永定路。

永定路老宅

西缉虎营普光寺

太原西缉虎营的一所小学西侧有一处古建，因围墙和临建房遮挡，只看到屋顶部分，我查阅资料得知它就是创建于东汉建安年间的普光寺。它是太原市或者说是山西省最古老的寺院，享有“普光第一地”之称。

普光寺位于太原市杏花岭区西缉虎营附近，现存建筑为坐北朝南、重院建筑。有过殿、大殿、西厢房共13间，占地1000余平方米。这些建筑斗拱硕大，简洁庄重。有专家认定为元代遗构。

前方学校
⊙这座寺院名曰
"普光寺"迄今有
1700年左右的历史了，
有较深的历史文化
价值，是汉传佛教
的重要历史遗迹。
现状堪忧，周边
一小学占一院子，杂乱
无序，墙体已出现裂缝！

西缉虎营普光寺

东仓巷门楼

明代太原城中设有北、南两座大盈仓，习称北仓、南仓。清代又增设有常平仓，义仓。以北仓而名的街巷，清代称南仓门街，民国时分作仓门北街、仓门街、仓门东街。今称有东仓巷、北仓巷。

走到这条小巷中，虽地处居民区，竟然出奇的安静，街道毫无特色，在一拐角处寻到一处院落，特点不突出，厚重大门上的铁固件已锈迹斑斑，我在画这扇门时刻意描绘了这些细节。这条街的西端有一座“赖宁”的雕像，这位救火小英雄是我少年时宣传学习的榜样，现在的孩子都已经淡忘了，不知是因为街道改造还是其他原因，莫名的迁走一段时间，后在广大市民的强烈呼吁下又重回故地。一时间来到东仓巷的人多了起来，我也是其中一员。一件与英雄有关的事，让东仓巷在沉寂中得到了少有的关注。

◎ 去年的一件事惊动了很多人，来到了这条名叫"东仓巷"的小街，只因是这条街上的一座雕花，在我小时候有一位因救火而献身的少年英雄"杨宁"，他的这所被美名的拆走了，因此而引起的新闻，使人们注意到这一处于闹市而毫不起眼的巷子！
廖刚
Liao Gang
2012.3于兰州

东仓巷门楼

东仓巷民居

东仓巷民居位于太原市杏花岭区，东西走向，西接解放路，东连三墙路，位于东仓巷中段，大约是民国时期建造，门楼较为宽阔，建筑特点不突出，院子很深，院内留有一些古槐。

画过了东仓巷那个不起眼的老门后，又陆续去过几次。在整条路的中段，还有一处较大的院落，从宽阔的门楼看，此处应该有些来头。像这样的老院落，这些年已基本上没有原户主居住了，取而代之的大多是租住于此的外地人，我作画时，从里边进出的人不少，但没有一个知道这座老宅的历史。院子很深，墙里枝杈繁多的老槐树可以告诉我们，这里的确是有些年头的。

东仓巷民居

后小河圆通寺

我经常从这里路过，远远地只能看到被众多小商店包围着的寺庙顶部，四周找不到入口，因为视野关系，只能在邻近马路的地方，才可以看清裸露于围墙之上的大殿局部细节。这里在明初为晋藩方山王美垣府佛堂。寺坐北朝南，现存大殿、过殿，占地面积273平方米。圆通寺是明、清之际太原盛极一时的佛教庙宇。

古圆通寺位于太原杏花岭区东缉虎营与东后小河之间。建于明代，寺坐北朝南，现存大殿、过殿，占地面积273平方米。大殿面阔三间，进深二间，悬山顶，琉璃剪边。过殿面阔三间，进深二间，硬山顶。圆通寺是明、清之际太原盛极一时的佛教庙宇。

圆通寺位于东城后营坊后小河胡同，寺坐北
朝南，现存大殿、正殿，悬山顶，琉璃剪边。
之间，只露出二分之一的殿顶，
在风雨中已显露出沉寂的
破败，想起圆通寺昔日
的风光，真的令人惋惜！

后小河圆通寺

新民北街民居

忙于筹备画展及《画说龙城》一书的出版事宜，很多时间是在北京。周日，抽了点空回来陪家人去公园走走，回来的路上孩子提出要到上过的幼儿园看看，呵呵，小小年纪居然也有怀旧情结。所在地东围墙外是一大片老宅院，从外观上看保存很完整，可惜院门已经封堵起来了，没有通道可以进入，看来是保护起来了，围墙里的老树在春天里依旧保持着清晰干爽的枝杈，但愿在下一个季节，它还会长出属于自己的那份绿色。

新民北街东花园，位于新民北街省军区招待所内，又称阎公馆。民国十七年（1928）前后所建，是市级历史文物保护单位。

新民北街民居

新民东街门楼

新民东街与精营西边街相邻，整条街的西半部，基本上都是老宅院。我近几年为搜集太原老街巷的绘画素材，几乎跑遍了市区有老房子的地方，这里算是较集中的一块。但就院落的历史和文化程度而言，它们还算不上要下大力保护的那种。加上近些年老院的居民自发地改造居住条件，盖了不少砖混的小二楼，使得这里成了租住人口聚集的地区，院落里临时搭建的棚户使原有的格局基本上不复存在。

民国初年，全国兴起了新民运动，是时冠以新民的街巷有新民东街、新民西街、新民中正街、新民南正街、新民北正街以及新民头条、二条、三条、四条、五条。今有新民东街、新民北街及派生街巷3条。

⊙ 新民东街15号院门楼，透过大门有一道影壁，院后已改造成小楼，整条街上除外门楼残存以外，都拆得差不多了，这条街上这样的院落很多，据说已纳入城设计划！

Liao Gang

新民东街门楼

新民东街老宅

民国初年的新民运动，让太原增加了许多以新民冠名的街巷。除了新民中街之外，其余的都是不太宽阔的街道。近两年，政府下大力整治修缮老城区街道，几条以新民为名的街道焕然一新。

很少在冬日里外出写生，虽然太原的冬天不算冷，但画一会儿，握笔的手还是会不听使唤，纸面上的线条也如同冻僵了似的干巴巴的，毫无生气。可是盼了好久的一场小雪，还是让我来了精神，走在熟悉的老街上，无意中见到眼前如木刻般的小景，不厚的雪，映衬着灰白相间色的门楼，黑黑的枯枝，犹如沾满墨水的毛笔在空中随意勾勒出的线条，眼前的一切好像已经还原成一幅画，让我在一个暖暖的冬日里捡了幅现成的画作。

新民东街老宅

浑源会馆

浑源会馆位于精营西边街，为民国时期建筑，平面呈八角形，尖拱形窗，有砖雕。该院系山西浑源商人集资兴建，建成于清末，为主偏院结构，有宿舍、议事堂（八角楼）、食堂（后院）等，建筑古朴典雅，布局合理，体现了晋商团结、互助、勤俭的风格。

说起浑源会馆，我再熟悉不过了。引起我注意的是在七八年前的事，偶然路过精营西边街，它独特的门楼，古朴的外观吸引了我，驻足很久，发现它规模很大，建筑非常有特点。

2006年10月份在此居住了几十年的400余户老居民搬离此地，据说这是要为打造“历史文化名城”而进行的举措。我为此举由衷的感到高兴。但数年过去了，除了施工围墙还很新之外，拆过的老屋已在无人状态下凄惨地破败下去。

后来，不知哪里来的开发商，以迅雷不及掩耳之势将其改造成菜市场，招租的广告牌贴的到处都是，于是这座老宅前后左右都成了清一色的商铺，老宅像是被坏小孩恶作剧似的涂满了脂粉，像一个年迈老人，欲哭无泪……

浑源会馆

川至医学专科学校旧址

一家人在晚餐后，总要抽点空出门遛弯，附近邻近商业区，绿地很少，很多孩子都集中在柳北口的一片楼前空地玩耍，夏天一到，人便多了起来，大人孩子混杂一起，好不热闹。儿子喜欢玩滑板和轮滑，但这片场地显然已有些施展不开了。我徒步在周边转悠，想寻一块更大些的去处，巧了，不经意中竟发现一座隐于市井中的很别致的二层旧式洋楼。

我和附近的几位老居民聊了好一阵儿，很巧其中一位老者就毕业于这所医科学校，说到学校的历史，话匣子打开了，滔滔不绝，回忆当年，脸上渐渐泛起年轻人般的光晕。

山西省立川至医学专科学校是山西省医学院的前身，是山西省创建较早的一所高等医学院校。民国8年（1919）8月，山西医学传习所在太原成立。民国20年（1931）改称私立山西川至医学专科学校。抗战胜利后，阎锡山回到太原，接收了省立桐旭医学专科学校，以该校为基础恢复了川至医专，更名为山西省立川至医学专科学校。民国38年（1949）7月27日，太原市军管会将山西省立川至医学专科学校、长治白求恩国际和平医学专科学校及省立高级助产职业学校合并于川至医专，院址即为川至医专校址。以上的演变过程反映了当时川至医专在太原市乃至整个山西所占有的重要地位。

主楼坐北朝南，为两层砖木结构建筑。建筑占地面积520平方米。室内圆形独立柱支撑着横架与其上的梁，室内外柱头为文艺复兴式装饰。整个建筑平面按功能对称设置，造型中西合璧。楼内大厅及二层厅设西式罗马柱各两根。办公主楼建筑装饰细腻考究、华丽典雅，是20世纪20年代中国传统建筑与西式建筑紧密结合、精心设计的实例。

川至医学专科学校旧址

精营东二道街

精营东二道街的老宅比较集中，我多次去过，每次都会有收获，一些喜欢聊天的老人会像讲故事似的把这些老屋的身世告诉来访者，从他们闪烁的目光中可以清楚地读到这些老宅院曾有的荣耀。

此处老宅位于太原市五一路中段与新民中街交会处附近的精营东二道街，建于民国时期。

为保护太原历史文化特色与价值的载体，《太原市历史文化名城保护规划》以太原市六个市辖区为重点，特别针对太原府城历史街区、明清太原县城历史街区制定保护要求和管理措施。精营东二道街属南华门历史文化街区。

精营东二道街

精营东二道街老宅

为保护太原历史文化特色与价值的载体，《太原市历史文化名城保护规划》以太原市六个市辖区为重点，特别针对太原府城历史街区、明清太原县城历史街区制定保护要求和管理措施。此外，还对各历史文化街区、历史文化风貌区、文物古迹、非物质文化遗产等各个方面都提出了具体的保护方法。规划提出划定并保护五处历史文化街区。

精营东二道街属南华门历史文化街区，范围：北起精营东二道街，南至府东街，西起五一路，东至教场巷、东华门街、双龙巷、东肖墙，总面积26.88公顷。

近些年，我在画这些老街巷的过程中，比较翔实地了解了这些古建遗存的分布情况，离家较近的几处地方我都多次去过，比如精营东二道巷我就画过很多作品。

眼前原本陌生的建筑，在钢笔与纸张的摩擦中逐渐变得熟悉和亲切，这个过程是一种享受，能让人感觉到建筑物的生命，感觉到它的呼吸，感觉到它的语言。我是在与它对话，它可以向我诉说，也可以静静地接受一个画者对它的描摹，它们在我眼里是世上最好的模特。

◎ 精营东二道街的宅院
比较集中，我每次去这里每
次都会有收获，一些喜
欢聊天的老人会给我讲故事
他们把这些老屋的身世告
诉来访者，从他们闪烁的
目光中可以清楚地读到
这些宅院曾有的荣耀！

精营东二道街老宅

精营东边街牺盟会旧址

当日本帝国主义积极策划“华北自治”和发动大规模入侵绥东之际，蒋介石调集30万之众，准备向我陕甘红军进行第三次“围剿”之时，中共地下党员以及山西新派进步青年知识分子，积极响应中共“停止内战、一致抗日”的伟大号召，联合各界进步人士发起组织“牺牲救国同盟会”（简称牺盟会）。1936年10月间，阎锡山鉴于国事日非，特邀共产党人薄一波回山西与其“共策保晋大业”，并经过薄、阎会谈将牺盟会交薄一波接办。这标志着我党与山西当局特殊形式的统一战线已正式形成，使我党在山西的统战工作由高层到基层又大大地向前推进了一步。

最近在一篇纪念抗战的文章中，见到一些关于太原牺盟会的介绍，好像旧址离我这里不是很远。可我准备好纸笔画具在周边走了一大圈都没有找到，最后几经询问，终于在几间杂乱的塑钢加工作坊旁见到了它……也难怪我找不到它，在我心里牺盟会旧址一定是肃穆庄重之地，起码是修缮的比较醒目，可供参观的教育场所，可实际大相径庭，难道这么破旧的一道门后会是当年那个赫赫有名的“牺牲救国同盟会”所在地吗？

太原市文明单位
牺盟会太原市委员会旧址
良辰美景好百年
吉日佳期谐好合
◎ 精营东边街17号是牺盟会太原市委员会旧址，如不是门头所设铭牌，很难与著名的牺盟会联系在一起。在门头之上附加了很多砖瓦，使原有结构似乎模糊了许多，但显得不伦不类了些。
萧刚
Xiao Gang
2010.初春

精营东边街牺盟会旧址

精营东边街太原民主党机关大院（九三学社太原市委）

这处大院看上去很特别，透过大门及院墙可以判断它的规模。很早就注意到这里了，几年过去了，我才动手画。原因很简单，这里不是一处普通的老宅院，大门上挂满了民主党派的牌子，试着进去看看，都被拒绝了，最后选择了已翻新的大门来画，门的外形中规中矩，但门前两棵枝杈分明的老树，为画面添了不少生动的元素。

建国后，徐永昌故居成为太原市民主党派的办公场所，现存的建筑占地面积2420平方米，建筑面积375平方米，房屋24间，方亭2座，院西还保存有28米的长廊。徐永昌公馆是一处典型的民国时期传统四合院，对研究徐永昌本人及民国期间的部分历史具有重大意义，今为太原市民主党派机关所在地，是市级历史文物保护单位。

精营东边街太原民主党机关大院（九三学社太原市委）

前双龙巷双喜门楼

很早就听说过双龙巷，在很多书中都有较为详尽的描述，按图索骥，穿过南华门赵树理故居，从邻近府东街的一条东西走向的长街向东行，在中段出现一人字形的分叉，沿西北端的路下一道坡，就会见到我画中的前双龙巷双喜门楼。

我一见到它，一下就被吸引住了，走了太原这么多街巷，这么独特的门饰还是头一次见到，真的有些如获至宝的感觉。正当我专心揣摩着它的外形时，忽然从头顶处传来一声浓重太原味的喊声，“师傅，闪一哈！”猛不丁还真吓人一跳。顺声音望去，才发现头上方的大树上竟蹲着一中年男子，手握斧头，正在砍树上的枯枝。这倒好，省了不少事，直接和他攀谈起来，他一边干活，一边回答我感兴趣的问题。他告诉我，他从小就住这里，那时这个双喜就是这样了，从它旧的程度上看，应该是他爷爷那辈人匠心独具的创意之作了。

双龙巷分前巷和后巷，多为明清建筑风格，砖木结构，硬山式屋顶，大多在门头、墙头、屋顶饰有精美的砖雕。双龙巷民居包括前双龙巷1、9、17、21、57、65号院，后双龙巷南4号、南6号、南8号、南25号、西3号、18号院等12处院落，均为传统四合院建筑。新中国成立前是当时经商人士聚居区，也是目前省城保存历史民居比较集中的巷子之一。

前双龙巷双喜门楼

后双龙巷民居

《太原地名志》对双龙巷是这样叙述的：南北斜向，东南起南华门东二条，西北至东华门。此巷位于杏花岭以北，因地势隆起，如伏双龙，曾有“双龙”地名之称。清末迁入河北居民，又称直隶庄。民国初年阎锡山的民政厅长孟元文建宅于此，称“升官巷”，后孟家连遭祸事，认为是屋后的“玉皇庙”作祟，故于民国18年（1929）改名双龙巷，想用“双龙”镇服邪气，以求家业兴旺，巷名沿用至今。

去年仲夏的几场雨让我有些担忧，主要是听说后双龙巷的几处院落因漏雨要被整体拆除，原址翻盖小二楼。等我匆忙赶去，两处院子已被拆除，后虽停工，但这些老屋的损毁是不可逆的。后双龙巷有多处很值得保护的民居，但我一直没有充足的时间去画，最近抽了点空，专门跑了一趟。我画中的门楼面东，和很多传统院落朝向有所差别。建筑物上的修饰很多，很精美，和我之前画过的宅门相比略显另类，也正因此，我需要花费更多一些时间去画。门饰的浮雕部分不好表现，但很好看，我在草稿纸上尝试着画了一些局部小稿，然后小心翼翼地点缀在我的画中。

巷子里有两处院落，当年曾是大户人家的配房，有磨房、杂物房等，未被列入历史民居，但也有其历史价值，拆掉实在有点可惜。后双龙巷已被列入太原市历史文化街区范围，巷子里的老房子，都被列为保护对象。前后双龙巷，在新中国成立前是当时社会中上层人士聚居区，建有很多传统四合院，也是目前省城保存历史民居比较集中的巷子之一。

◎ 后双龙巷东端有一处精美的门楼，从风格上看应是民国初期所建。此门楼在我所画的几十幅老宅中算是比较别致的，我很喜欢它细致独特的砖雕刻，但宅院门口杂乱无章，虽然墙上挂了历史建筑的牌子，如不加力度保护，也是不行的！

萧刚 Liao Gang 2010.6
画于后双龙巷

后双龙巷民居

东肖墙晒台

明晋王府宫城外围筑有萧墙。据河晏集解引郑玄曰："萧之言萧也，墙为屏也。君臣相见之礼，至屏而加肃敬，是以谓之萧墙"，后简作肖墙。按方位分为"东肖墙、西肖墙、南肖墙、北肖墙和上肖墙"。

孩子学琴的艺校又搬家了，于是我便来到了一处比较陌生的，位于老城边缘的街巷，这里虽距家不算远，我却极少光顾，这里紧邻一座大型菜市场，人头攒动，车水马龙，极为热闹，在这样的街上作画，的确需要超凡的定力，还未画几笔，人已围了好几层。

东肖墙晒台

教场巷民居（一）

从新民中街穿五一路，经过山大二院社区的东门，就进入教场巷。它街道不是太宽，但走在街巷里第一印象就是出奇的清静，街道两旁是清一色的居民住宅，几处明清时代建筑风格的四合院保存较为完整。我莫名的喜欢上这条巷子，走在街上有种恍若隔世的感觉，来往车辆和行人很少，让人心静如水。好像一下子远离了喧嚣的都市，仿佛置身于百年之前……

教场巷所在的位置地势高、比东南位置干燥，清末民初，达官贵人都选在这里居住，所以这条街道也是公馆、别墅聚集之地。不过当时这条路很偏僻，又离陆军监狱(枪毙犯人的刑场)很近，很少有人来。

教场巷是太原府城里保留颇为完整的一条历史街区，还遗留着部分独具个性的历史建筑遗产，是一个历史文化名城的重要组成部分。

教场巷成街于清末，得名于清代精骑营练武之教场。新中国成立前正太、同蒲铁路始修时，外籍工程技术人员居于此，一度改名“工程师街”，新中国成立后复名教场巷。

教场巷有很多的老宅院，有些建筑的局部
保存的很完整，但在原宅基础上乱搭改建的也比较多，
院子很多的门楼很不完整，还有些临时的小砖房搭建
于门庭左右，破坏了原有的谐调，如果下功夫修缮还
是能够很好地还原民居古宅之风貌！
LiaoGang
2010.5

教场巷民居（一）

教场巷民居（二）

教场巷里，街道的两旁是清一色的居民住宅，几座尚未整修的四合院民居还保留着明清时代的建筑风格，很喜爱老屋上的砖饰，我画中的门楼虽已不见了顶子，两旁的砖雕依旧清晰可辨。教场巷所在的位置地势高、比东南位置干燥，清末民初时期，达官贵人都选在这里居住，所以这条街道也是公馆、别墅聚集地。

教场巷民居位于太原市杏花岭区，建于清末民初。历史街区都是由多个历史民居组成，而这些街区如果保存至今仍为历史上形成的格局，未被拓宽，保留着当时的建筑、街道，它就可以称为历史文化街区。因为教场巷当时位于府城最边角地带，所以保留得相对较为完整。

⊙ 在教场巷有太多需要保护的老宅了，我选了一座很
还有门簪子的门楼，用了一些时间仔细地描绘了现状，
从门框两边遗留下来的雕饰上不难看出昔日的精美。
时光就这样一去不返，只留下破屋旧门，褪红的春联
映衬下的字迹让人一阵阵地伤感！

萧刚 Xiao Gang 2011.12於西州

教场巷民居（二）

教场巷红楼

“这栋楼位于教场巷中段，虽然看上去不算太旧，但据一些居民讲，也有些年头了，依然能够辨认出楼梯、地板为实木质地；房顶与地面间隔很高，约4米，窗户高而大，厚实且雕刻精美。光绪末年至民国初年，山西相继修筑正太铁路和同蒲铁路，山西地方政府为安排筑路工程的本籍和外籍工程技术人员的住宿，在校场巷一带新建了不少住宅，从建筑风格上看，这座红楼或许是那个时期的建筑。

这处明显带有西式建筑风格的小红楼，位于教场巷中段，或许是墙体采用红砖砌筑的缘故，从外表上依旧很新的样子，甚至看不出多少岁月侵蚀的印记。我绕到院子里边，临建的小屋把整幢小楼包围的严严实实，在高大的树木衬托下，楼体显得整齐精致。因为一直把这儿当成是建于清末的“工程师楼”，直到作品在报纸上刊登后，才得知搞错了。后多方询问这座红楼的出处，均未得到一个准确的答案。不过它所在的院落，的确挂着历史民居的铭牌。

教场巷红楼

南华门赵树理故居

赵树理故居2004年被省政府公布为省级重点文物保护单位，为目前太原市内仅存的、唯一的保持原生态的文化名人故居。该故居建于清末民国时期，建筑系砖木结构的四合院。

我七八年前暂住的地方离赵树理故居极近，就隔一条马路，故居位于太原市南华门15号。南华门是周围很热闹的一条卖蔬菜及米面粮油的街，那时我也常去采购生活用品，看到脏乱差包围下的赵树理故居，难免有些欷歔。

故居系一面围墙的三合院，青堂瓦舍，砖木建筑。1965年初赵树理合家住在此院，在这里他度过了一生最后的时光，直至1970年去世。当时西房、东房是他和儿女们住所及写作的书房，南房为厨房和客厅。2006年9月23日，经过修缮的故居在先生诞辰100周年之际开始对外开放。门口石碑上镌刻的“赵树理故居”五个大字，是薄一波所题写的。

⊙ 位于南华门的赵树理故居，门前是一条小铺摊林立的小街道，近年政府已将旧宅全部翻新并对外开放。赵树理（1906-1970）原名赵树礼，现代文坛较为有影响力的文化名人，著有《李有才板话》《小二黑结婚》等名篇。

南华门赵树理故居

精营南横街老宅

精营南横街五一路东段的这部分街道很短，上下班高峰时来往车辆很多，近来专门为此街道设了红绿灯，看上去有些夸张，但实际效果不错，我经常走这里，几处老宅门口摆了不少小水果摊，估计这些小生意人就租住于此宅院内，从表面上看，已很破旧了，我画面上尽量没做删减，保持现有的状态。

太原街道得名，追本溯源，有下列几种情况：

一、是以古建筑得名：鼓楼街、开化寺。

二、是以古代驻扎兵营而名：精营街、校尉营。

三、是以嘉言而名：起凤街、东来巷。

四、是与古代手工作坊、集市贸易有关的街巷：帽儿巷、靴巷。

五、是反映太原地理地形特征的街巷：水西门街、旱西门街、水西关街、旱西关街。

六、是反映历史悠久的街巷名称：晋阳街、并州路。

七、是以中国革命史而得名：新民东街、新民中街。

八、是为纪念社会主义建设成就而名的街巷：迎新街、建设路。

清雍正、乾隆年间，在晋王府宫城的废墟上营建房舍，驻扎绿营兵，在太原的叫“精骑营”，久而久之简称“精营”。后宅住居民，形成街道，遂名精营。今天冠以精营的街道有精营东、西边街，精营中、南横街，精营东二、西二道街。

◎ 精营南横街很短，因与五一路交叉，车辆来往很多。这条街上现存一两处老宅院，门口、门面多为小商铺或水果摊。

Liao Gang

精营南横街老宅

武德里民居

原本就算不上寒冷的冬天，在忙碌中很快就过去了，天气转暖，一有空闲，一家人就会顺着几条新修缮的小街，前往位于“武德里”附近的小区看望父母亲。我上大学时，母亲很爱给我写信，经常能收到她厚厚的信笺，里边的信纸上正反面都写得满满的，看起来很过瘾。信封上的寄信地址常会出现“武德里”几个字。因为坝陵北街也在附近，在搜街的过程中，不仔细比对，还真的搞不清具体方位。好在很多博友经常给我提供正确信息，使得我的冤枉路少走了许多。

武德里南北走向：南起坝陵北街，北不通。民国初年，这里住有阎锡山的武职官员，故名武德里。

武德里民居

小北门街民居

小北门街和拱极门（小北门）有着相同久远的历史，从明初到清末，这里一直较为荒僻。因建筑规模、地理位置、交通等原因，镇远门得了“大北门”的别号，拱极门只能得名“小北门”。民国初年，太原经济略有回升，倡导教育，兴建学校，于是，空旷多年被遗忘的小北门街以及小北门一带，才变得有些人气。当时省城颇有些名气的“山西省立国民师范学校”创办于小北门街的东侧。这使的这片数百年来不起眼的偏僻之地逐渐被人们熟知。

小北门一带民居很多，坝陵北街东段有一条通往拱极门的路，这条路原本已很破旧了，去年重新整修后面貌改观了许多，改造过程中，我特别留意了一下周边的小巷，生怕把隐于其中的一些有价值的老宅清理改造掉，我画中的这座残旧的门楼就是那一时期找到的，它周围包围了一圈临建小屋，狭窄的空间使我的画面有了局部写生的感觉。

小北门街
11
新春大吉
几乎每周有两次从这里路过，透过一段窄小的通道就可以见到它，
这是我画过的视角最狭窄的地方，所以要不时地退远以便看清
细节，尽管如此，在建筑物的比例上仍难达到满意，取舍很难……
XiaoGang

小北门街民居

坝陵北街老宅

坝陵北街老宅很多，居民也很多。房屋大多数是砖木结构的房屋，其中有一处院落，为二层结构，保存较为完整，保留了较多的精美砖饰，可惜院子里堆满了杂物。

坝陵北街路不宽，路北有很多老宅院，就在父母现在所住的楼前，因为是住一层，被阳台前的一堵高墙所挡，墙后面的灰色建筑群一部分是坝陵北街民居，一处是武德里。不过我在画这处长满茅草的门楼时，还是错把它当成武德里的民居了。

近几年，在武德里和坝陵北街的南边，有很大一片老居民住地，被房地产开发商看中，由此引起的纷争也屡见不鲜，最后一处被称为钉子户的老屋，在我赶到后不久也被铲车推掉了。庆幸的是我那天带了相机，虽不能亲自写生，但得暇时我会尽可能复原这处已不复存在的老屋。在画坝陵北街这处民居时，真的很担心，它的未来是否只是我笔下挂着保护铭牌的钢笔画……

坝陵北街老宅

进山中学旧址

我家离进山中学不远，它是太原的一所很有历史的名校，它的旧址在上马街11号，很破旧了，好像也没什么保护措施，门面没多大特色，好在校匾是薄一波所题，我去过好几次，门口总是停满了车，为了画面效果，我把车子部分处理成了单线。

进山中学创办者曾有“为救济天资聪慧学行皆优之贫寒之子”的名言，87年来，历代进山师生秉承这一宗旨，矢志不渝，为国家培养了大批栋梁之才，有全国政协副主席程子华，山西省长裴丽生、中国工程院院士于润沧等等，他们为国家、民族的事业做出了卓越的贡献。进山中学深厚的文化底蕴和成功的育人历史得到了全社会的认可。

进山中学由阎锡山于1922年创办并亲任校长，是一所具有悠久历史、享誉省内外的山西省首批重点中学。

进山中学旧址

迎泽藏经楼

我画中的这座藏经楼，估计大部分太原人都很熟悉，因为它就在大家所熟悉的迎泽公园里。每次到公园我都会去那里转一圈，这个位置可谓风水宝地，地势通畅，视野开阔，晨练的人们都爱聚集于此，或谈、或舞、或唱、或行，好不自在。

藏经楼又名风华楼，原是太谷资福寺的建筑之一，称藏经阁，建于清康熙十三年（1674），为仿明建筑，资福寺早毁，唯藏经阁独存。此阁楼高约17米，要想从半侧面观其全貌，还是显得地势狭窄了些，我所选角度，基本上是仰视，为了使画面通透些，我依照透视原则对画面做了适当调整。

藏经楼1958年由太谷县迁至迎泽公园，1960年全部安装完工。阁楼高约17米，外看三层实为二层，全木结构，重檐歇山式琉璃瓦顶，雕梁画柱，巍峨壮丽。尔后数次彩绘，扩建广场，形成今天的规模,现为省级文物保护单位。

藏经楼位于市迎泽公园内，原名藏经阁，建于清康熙十二年（1673），原为太谷县宁福寺主建筑，1961年迁到太原重建，该楼为三层四檐歇山顶楼阁，楼高18米，保存甚好！
萧刚
Xiao Gang
2010初春画于并州

迎泽藏经楼

北大街拱极门

太原城原有8座城门，而其中的拱极门是唯一保存下来的。明太祖朱元璋在南京即位，为了防御北方少数民族入侵，派他的三子晋王到太原驻防。晋王大兴土木，扩建太原城，在城四周建起长12公里、高7米的城墙及8座城门。而位于小北门的城门被命名为拱极门，老拱极门城楼在解放太原的战火中被摧毁。20世纪50年代初，这8座城门连同城墙大部分被拆除，只有拱极门机缘巧合的被保存下来。

拱极门位于北大街与五一路交叉口，是太原唯一保留的城门。一位一直生活在拱极门附近的老居民说："拱极门能留下来，多亏了城门附近一所射击体校的领导。学校在拱极门旁边建了个靶场。后来，太原拆城墙时，为保住靶场，通过学校争取，最终把拱极门保了下来。

新中国成立前，拱极门是太原城北交通要道，白天总是人流熙攘。到新中国成立初，拱极门已经破败不堪，附近的居民常从城墙上扒砖供自家用，渐渐地，城墙里的夯土都露出来了……后来，城门洞被埋进了黄土，有两米多高。如今的拱极门模样，是近年仿明朝原貌建的。1998年，太原市开始修复拱极门，停停建建修了7年。2005年，拱极门的主体工程和外部装修基本完工。

◎太原城原有八座城门，拱极门是唯一留存下来的。
老拱极门城楼在解放太原战火中已被摧毁。
廉刚 Lian Gang
08.5 於并州

北大街拱极门

晋祠圣母殿

圣母殿是晋祠内主要建筑，坐西向东，位于中轴线终端，是为奉祀姜子牙的女儿，周武王的妻子，周成王的母亲邑姜所建。创建于北宋天圣年间（1023～1032），崇宁元年（1102）重修，是宋代建筑的代表作。殿面阔七间，进深六间，重檐歇山顶，黄绿色琉璃瓦，殿高19米。殿堂结构为单槽式，即有一排内柱，殿四周除前廊外，均为深一间的回廊，构成下檐。殿内外采用“减柱法”，以廊柱和檐柱承托殿顶梁架，扩大了殿内空间。圣母殿遵照了《营造法式》的定制，表现了北宋的建筑风格和审美意识，为我国建筑之瑰宝。

来到晋祠必看的就是圣母殿，它位于鱼沼飞梁之西。因为天下着小雨，游客明显的少，这也是我选择这种天气来的原因，一则提供了较为开阔无遮挡的画面，二则减少了画画时被围观的几率。可与此同时，也等于给自己设了个小障碍，动笔的时候才发现，要找个淋不到画纸的地方，也真不是件易事。

晋祠圣母殿

晋祠水镜台

选了一个下着细雨的天气去游晋祠。一路上，灰色的天，灰色的山，灰色的路，加上我开的灰色的车，妻笑称我是灰太狼出山。进入景区 ，一切灰色都荡然无存了，眼前只有那些熟悉的，颇感亲切的，晋祠标志性建筑景致了。说不清这是第几次来晋祠了，但距上一次来，至少已过去十几个年头了。一张无意中保留下来的几元钱门票，已佐证了年代的久远。

当时，大学教美术史的一位老师，相约班里七八位学生一起到晋祠参观，上了一次难得的户外课。虽不记得当时讲的具体内容，但水镜台，会仙桥、金人台、对越坊、献殿、鱼沼飞梁、圣母殿等典型建筑，却像照片似的清晰地印在脑中了。

水镜台位于晋祠最前端，是一座戏台，始建于明代。《汉书》中有一句“清水明镜不可以形逃”，意指善恶忠奸如同清水，世人眼前无可遁形。“水镜”二字估计来源于此。

从建筑结构上看，前半部分重檐歇山顶，后半部分单檐卷棚顶歇山顶，正是演剧的前台，面对圣母殿。四周为廊，门左右各一圆窗，北方古建特点明显。

晋祠水镜台

奉圣寺舍利生生塔

这是我以塔为素材画的第三幅作品了，我曾说过，画塔是一件费时、费力，且又需要很大耐心的事。但远远望见十方奉圣禅寺浮屠院的舍利塔时，还是决定耐下心来仔细描绘一番。

塔在中国具有非常神奇的地位，几乎遍布所有地域，一座荒山高岭，只要有了它，立刻变得灵性十足，光芒四射，远远超越了塔的实际用途。最典型的就要数延安宝塔了。从美学的角度看，塔大多拥有考究的外观，和一丝不苟的建筑工艺，也正因为此，塔成了很多风景中的主角，如苍山洱海的大理三塔，古城西安的大雁塔，杭州西湖的雷峰塔，苏州的虎丘塔，山西的应县释迦塔，洪洞广胜寺的飞虹塔，以及永济的莺莺塔等等。同时这些塔也成为很多画家作品中的点睛之处。

舍利生生塔始建于隋开皇年间，宋代重修，清乾隆十六年（1751）重建。塔八角七级，每级四门，高38米，绕以琉璃勾栏，可凭倚远眺。“宝塔披霞”为晋祠外八景之一。

①奉圣寺舍利塔为七级八角塔，登塔远眺，晋祠全景尽收眼底，塔之壮美，称"宝塔披霞"为晋祠一景。据说塔所在的奉圣寺是唐代"尉迟敬德"的别墅。
画于晋祠 2010夏

奉圣寺舍利生生塔

晋祠智伯渠上会仙桥

水镜台正西跨越智伯渠上的小桥叫会仙桥，相传，此桥是明朝翰林罗洪先与仙女相会的地方，所以取名“会仙桥”。罗洪先潜心于佛道，成为对佛教、道教造诣很深的学者，并写下咏晋祠诗一首：“悬瓮山中一脉清，龙蟠虎伏隐真名。水漂火去山移步，五十年来帝母临。”后来人们在烧毁的木板桥处修了石板桥，会仙桥由此名声大噪。

晋祠题材的作品，除了画之外，在文字方面总是迟迟动不了笔，原因很简单，关于晋祠的史料，故事、传说太多太多……所以很想找到本地较为权威的学者，听听他们的讲述。机缘巧合，让我有幸认识一位从小生活、工作在晋祠一带的老领导，从他随口吟诵诗文碑刻的潇洒，到专注于古建文物保护的执著，无不让我心生敬仰，几次专程的拜访让我收获颇丰。

◎位于晋祠柳门的会仙桥，桥栏石材
已斑驳风化，大多雕刻的图案模糊不清
了，桥下依旧清水如镜，两侧古木枝
叶繁茂，静静地生在桥边，抚摸粗糙的
基石护栏，情景交融，确有与仙相会之感！
萧刚
2011.

晋祠智伯渠上会仙桥

晋祠张郎塔

晋祠张郎塔位于太原市西南20余公里处的晋祠内，我画中有一座不大的石塔屹立于清澈的难老泉流水中，上刻“砥柱”二字，这就是传说中的张郎塔。塔东有一道石砌的堰，堰顶部同一高程有10个直径约一尺的出水洞，泉水由此分南三、北七激流而下。

晋祠难老泉水从源于一丈深的石岩中，泉水常年恒温17℃。水的流势不大，清澈如玉，常年不息。唐代大诗人李白《咏晋祠》诗中有“晋祠流水如碧玉，傲波龙鳞沙草绿”之句。

传说北宋嘉祐五年，南北两河居民因分水发生纠纷，县令出面调解，在难老泉边烧起一口油锅，投入铜钱十枚，代表十股泉水，哪方捞出几枚铜钱就永久分得几股泉水，永世不改。当下北河一位姓张的青年纵身跳入油锅，捞出七枚铜钱，从此官府判北河各村永久分得十分之七的水量。北河人怀念张郎，把他埋在分水处，建分水塔以作纪念。

晋祠张郎塔

晋祠正门

记不清次数的晋祠之行，每次或是陪朋友去游玩或是去写生，大小景点也都熟记于心，唯独对每次进出的正门没有仔细观察过。一次偶然组织的集体写生，让我有机会对它有了新的认识。带队的是一位学院美术系的主任，随身带了一本厚厚的本子，因为来得早，当大家陆续赶到晋祠集合时，他的本子上已多了一幅晋祠正门的速写，或许是从他的画中感受到不寻常的景致，我选了一个游客最常见的角度画了一幅。

晋祠公园植被繁茂，偶有池塘楼阁，倒也显得雅致幽静。晋祠正门，气势端庄肃穆，门外有八字墙，门头正中 “晋祠” 两大字，传说是取自李世民《晋祠铭》中“晋祠”两字，而新中国成立后，采用陈毅的草书体。门前是三重的三桥，过了桥，就是晋祠正门，在这里开始进入正式景区。

来到太原必去之地当属"晋祠"，进入
此门方可步入真正景区，随着进门票的
价格提高，挡住了不少本地游人的
步子，一般人选择不花钱的晋祠公园走
一走。

晋祠正门

晋祠北大寺结义庙

到晋祠写生，路过北大寺，原本是去看这里出了名的荷花，几棵古树吸引了我，在这座结义庙停留片刻，和庙内人攀谈得知，庙为新建，但从古树上看，这里地处地面文物林立之地，这座以三国人物所立之庙也定有些来头。树老庙新，我在画时的侧重点也有所不同。

北大寺结义庙位于太原市西南20余公里处的北大寺村内，邻近著名景区晋祠。结义庙是近些年在原址上重建的，原址历史不详，但从庙前庙内的古树可以判定，至少有数百年的历史了。

晋祠北大寺结义庙

晋祠北大寺武氏宗祠

“武氏宗祠”始建于清嘉庆年间，族谱、神祇典籍资料记载了武氏族人从明洪武二年迁居北大寺村600余年的历史记实，族谱文化是凝聚人民精神意志、奋发进取的一种动力，为传承民风风俗、发扬中华传统美德，起着不可估量的作用。

很多次去往晋祠的路上，见到过北大寺村口立的“武氏宗祠”的牌子，去年清明时节，正赶上武氏宗祠创建200周年的祭祖活动，场面好不热闹。从当地人口中得知了不少关于它的故事。

明朝洪武二年（1369）武氏兄弟俩来到了太原，经过了400多年的发展，家族逐渐壮大，1811年在现在的北大寺村建立了自己的祠堂，清同治十一年（1872）重修，北大寺武氏宗祠每年在清明节这一天都会举行寻根祭祖活动。武氏宗祠在太原市是保留较完整的一处宗氏祠堂，2009年北大寺武氏宗祠被列入“太原市文化遗产”。

晋祠北大寺武氏宗祠

晋源德化门

德化门所在的晋源老城，创建于明洪武八年（1375），它传承和沿用了晋阳古城“城池凤翔余”的建筑格局，俗称“凤凰城”。古城依山傍水、周边风景秀丽。古太原县城酷似一只头北尾南、振翅欲飞的凤凰。县城东西宽约1公里，为凤凰双翅，南北长约0.75公里，为凤凰身躯，北门瓮城门洞面东，喻“丹凤朝阳”。南城门延伸到城门洞外，直指南方，犹如凤尾。四条大街交会于十字中心，象征凤的腹部。所以古太原县城也称凤凰城。太原县城内外原有大小寺庙、楼阁、祠堂50余处，四条大街原有12座牌坊，十字街、丁字道原有五道将军庙22处。直到20世纪40年代，县城内作坊店铺多达160余家，南关、西关车马旅店40余座，其繁华景象非同一般。

近一阶段，我把太原老街巷的素材搜集范围扩大许多，步子已逐步迈向市郊。走出市区，沿城西南找寻，发现了不少有价值的遗迹。在一位朋友的指引下，来到了古晋阳所在地，明清、民国太原县城，即今太原市晋源镇。驱车沿西门向北行驶，在德化门逗留了许久，从墙体斑驳的城门洞走入城中，眼前豁然开朗，街道上部分老屋看似已经修缮过。我在离城门不远处选好角度，向北望去，风化坍塌了的墙体，以及长满蒿草的城墙土坯，无不透露出亟待保护的渴望，墙上清晰的“德化”二字，仿佛还在将汉文帝以德化民的治国纲领传诸后人……

晋源德化门

晋源望翠门

距我上次来晋源作画已有一年多时间了，一直忙于太原西北地区的素材搜集，可这座感情至深的老城还是割舍不下，抽了些时间，在一个稍暖些的天气，把仅存的另一座城门画了下来。很巧的是，每次来都是萧瑟一片的冬日。显然，这座城门经过了粗略的修缮，看上去很单调，远不及北门的气势，画点不多，画面也不好处理，就当是完成一项记录任务吧。这座城门叫“望翠”门，是老城的西门。或许在几百年前站在城门之上，可以看到一尘不染，满目苍翠的远山。

晋源四门城楼上供奉关帝、文昌、财神、药王四神灵。北门额书“古原屏翰”、“奉宣”、“德化”，喻意此地为北方屏障，依据于晋阳古城奉上级召宣之门，以德化民。东门“东风聚秀”、“观澜”，形容汾水秀丽，在城头高处观赏滚滚而流的汾水景象。西门“西兑金汤”、“望翠”看西山矿藏汇聚丰富，眼望在青山翠绿之中。南门“桐荫晋阳”、“进贤”，晋阳为桐封叔虞之地，后代子孙都有享受王族权益，凤凰城之读书人多，人才辈出。

晋源望翠门

晋源文庙

我一眼望去，就知道这应该是晋源文庙所在地了，因为从此建筑外形结构上看，与我画过的太原文庙的棂星门极为相似，只是规模小了许多。我在门前绕几圈，显然这里分阶段进行了修缮，可惜都不尽如人意，大门和斜柱漆面脱色严重，虽修补，但工艺手段欠佳。不过门前一副盈联写得不错，我用心记了下来，“一部春秋警君臣，半部论语治天下”。

晋源文庙位于晋源区晋源镇东街。据明嘉靖三十年（1551）《太原县志》载，始建于明洪武六年（1373），后屡有增建、修葺。庙坐北向南，为重院建筑。占地1万余平方米，中轴线上依次有照壁、棂星门、泮池、献殿、大成殿、明伦堂、敬一亭、藏经阁以及各院之东西两庑。为山西省重点文物保护单位。

◎晋源文庙从外形结构上看.
和祁县文庙的棂星门很相似，有些局部
几乎相同，只是规模小了许多. 从斜柱上
能够看出是经过修缮过的，但周围环境
以及空气状况都使得它看上去显得老气又足！
Liao Gang
2010

晋源文庙

晋源老城民居

现存的古太原县城（今晋源街道办事处所在地），经晋阳文化民间研究会多年考证是坐落在晋阳古城遗址上的一座明代早期县城。它传承了2500多年晋阳古城文脉，是晋阳古城的延续。它沿用了晋阳古城“城池凤翔余”的建筑格局，依托龙山，展示着古晋阳龙凤呈祥之灵气，处处体现着农耕文化与游牧文化的和合交融，保持了我国汉唐文化与传统的地域民俗文化，是一座依山傍水、设施完备的城池。

已记不清是第几次经过晋源老城了，每次的路过都好像有根线在轻扯着我的心。自从去年年初我来老城画过它的北门德化门后，我便和这座被称为“凤凰城”的明太原县城结下了缘。走在这座有着600多年历史古城的土路上有着一种莫名的享受感，因为你的脚下或许踩的依旧是几百年未变的老街道。像太原县城这样结构完整、街道几乎未变的古城，在中国也属罕见。眼前的一扇老门，一隅屋檐，甚至是一段残存的土垣，都能感受到一种缓缓袭来的文化脉动。我在市区很难一见的精美门楼，在这里随处可见，每当我留恋在老宅之间时，时间就会过得飞快，我还没品读出砖雕、照壁上的故事，天色已近黄昏。

晋源镇中有许多精美之门楼，和本街比较略有不同，大都带有较多院墙。此处砖有两种形式的院门，门形一圆一方不知是否有什么说道！
LiaoGang
2010.3

晋源老城民居

旧晋祠路武家庄观音庙

究其历史，没能搜集到，只是见到墙外挂了一块锈迹斑斑的市文物保护单位的牌子。

去看望一个交往多年的好友，他的女儿准备报考美院，想让我帮着辅导一下，顺便带些绘画资料过去。闲聊间，说到附近不远处有一座观音堂，我一下来了兴致，我的这位朋友亲自驾着他的新君威，冒着蹭底盘的风险，穿过一大段坑洼不平的土路，来到这里。近观这处古建，结构保存完整，规模也算不小，只是周围垃圾遍布，加上正值冬季，一棵已无生机的枯树立于堂前，越发显得萧条。几名顽童在门前嬉戏打闹，一问才知，这里竟被开发成了一所幼儿园，真的很令人意外。

位于旧晋祠路中段的
武家庄观音堂，造型完整，是一院落
结构，门前、门后均有古树矗立，特别
是门前侧的古树，虽已树皮剥落，却
仍有枝丫生長发出，可见生命之顽强！
Liáo Gang
画於并州 2020 初春

旧晋祠路武家庄观音庙

蒙山大佛

近一时期，我被太原西南段丰富的人文地理景观所吸引，先后跑了很多地方，搜集整理并绘制了不少感兴趣的地方。作为并州老街宅巷的衍生作品，我把这类素材的画作，归入我所编绘的《画说龙城》一书里。当然，由于这些作品不是太多，我绘制时，尽量和并州老街巷系列保持了风格上的统一。

蒙山大佛位于太原旧晋祠路后段，离市区20公里左右。始建于北齐，它目睹了隋唐的盛世，经历了五代的纷争，度过了宋金的劫难，到了元代的时候，这尊饱经沧桑的大佛终于抵抗不住历史给它带来的一次次磨难，大佛的头部颓然坠落。1980年王剑霓老先生查明在蒙山北峰的大佛遗迹，从2006年开始当地政府聘请专家对蒙山大佛进行全面开发，头部复原工程随即展开，2008年3月，蒙山大佛头部复原工程初步完成，同年5月12日，蒙山大佛对外开放，迎接四方游客。

蒙山大佛

开化寺连理塔

只知道开化寺在繁华的钟楼街，没想到跑到蒙山看大佛，却见到了真正的开化寺，寺旁边的两座几近坍塌的佛塔引起我的注意。从一旁的钢架看得出修复在即，但绕塔几周后又有些担心起来，塔虽不大，但从其结构上看却是精美繁复，修缮难度极大。我在画它时，人为地去掉了周边的架子，尽量将其现状呈现纸上，包括已损毁的塔头，因为我实在吃不准修复后的样子是否还会有此感觉。

连理塔属省级文物保护单位，位于晋源区寺底村北。两塔形制均为四方形单层墓塔，砖土砌筑，高8米余。塔基座为一砖砌须弥座方台。塔身为一四方形小室，塔身外面抹满白灰。塔檐以砖迭涩十一层挑出，塔顶层层内收，成方形刹座子一层，方形刹座子上雕成巨大的受花四层，受花上安八角小亭一座，顶部已毁。这两座塔，从形制上说，属于唐代单层墓塔的一般做法，但塔顶、塔刹已有金代花塔的特点。从细部看，柱子、方座花纹等，又是宋代的风格。这两座塔是在保存一部分唐代做法而又进入宋代时期的遗物，在全国很少见，具有很高的价值。

北宋淳化元年建释迦
如来二塔，其基座相连，故
称连理塔。方形塔身，八角顶，
雕造精巧，具唐宋两代遗风，
全国仅此一例。可惜塔顶破
损严重！
2010.3

开化寺连理塔

龙山昊天观

太原龙山昊天观，也叫“静居观”或“净居观”，据有关专家考证始建于初唐，毁于宋金战火，元代宋德方重修，由于地震坍塌，明代内官畅英又重修，并将山下北极观并入昊天观，后毁于清朝光绪末年一场大火，仅留下6间石窑洞配殿，一直至今。

我开始的目的地是去天龙山石窟，在半山腰，有一道岔路，上山时看到是通往“龙山石窟”，但仅一字之差，它们却有着本质的差别。一处是佛教石窟，而另一处是道教石窟。

昊天观也称静居观，
是太原重要的道教遗迹，
位于市西南23公里的龙山
之上。龙山以道教石窟闻
名，是我国现存规模最大的
道教石窟群，代表中国
道教艺术的最高水平。
Liao Gang 2010.6

龙山昊天观

晋源店头村古堡

店头村拥有大型古石窟洞群，洞群有楼层式、明道暗道互动式、单元互通式以及地下古地道纵横交错的特点，被人们誉为古代的军事古堡。村中的石窟群保存完好，其中洞连洞、洞连院，可谓别有洞天。这些石窟群是何时的建筑，现在仍是谜。村中还有蒙山寨、北汉帝刘继元的避暑宫遗址、紫竹林寺、文昌宫、古戏台等遗址。

几年前，北京一批画家受邀，在晋源一带搞油画写生，有不少是国内知名的画家，其中还有位故交。从他们的画册上看到了一些店头村的景致，决定去一趟，亲自感受一下古村的风貌。因路况不熟，后改道上了天龙山。天气日渐转暖，遂决定去古村找些清凉。沿旧晋祠路往南行驶，从罗城收费站右行，往蒙山景区方向走，大约3公里左右，就看到路牌指示向西，一条较为破旧的公路一直通到古村。店头村地势起伏不算太大，窑洞鳞次栉比，错落有致地点缀在山坡上，古槐参天，群山环抱，从东向西绵延约两公里。整个村落，古拙质朴，因未大面积开发，基本保持原生态。

晋源店头村古堡

店头村紫竹林寺

走在店头古村的石砌小道上，手轻轻地触碰着身边的石壁，好想从眼前的顽石上，寻找到这座已无人居住村落的秘密。空荡荡的一座孤村，零星的几个游客，越发显得村子的神秘。整个村子都是以黑灰及略带土黄色的建筑石材为基色，所以我被突然出现在眼前的一道红色搞得有些糊涂了，加快脚步，上前以观究竟。

在古村中竟然有一座寺院，名曰“紫竹林”，是风峪八景之一。建筑小巧别致，依山势而建，为砖石结构，从鲜艳的红色院墙，不难看出近期翻新的痕迹。在整修紫竹林寺时，意外发现寺内保存的一通清代石碑，碑上一段文字记载：“风峪古称灵邱峪，唐以后始易今名，绿峪外风洞起义，店头居峪之前，风俗淳厚，崇尚佛法……”

店头村紫竹林寺

窦大夫祠

一段时间，我拿出很多精力，在太原西南地区搜寻有价值的古迹遗存，先后创作完成十几件作品，由于条件所限，深层次的挖掘还未开始。

一次与朋友攀谈时提到了窦大夫祠，他建议我，不妨把视线转移到太原西北地区，那里也有很多极富价值的地面文物。第一站我就选了“窦大夫祠”。

沿滨河东路一路向北行驶，渐渐地，那些裸露着青色岩块的巨大山体开始逼近眼前，一股清凉的，透着古迹特有气息的风扑面而来……

1959年郭沫若参观窦大夫祠时，曾题词一首：孔子回车处，驱车我却来。古祠为今用，遗像尚崔巍。烈石寒泉在，危崖峭壁裁。澄清汾水日，一镜峡中开。

窦大夫祠位于太原西北约20公里处的上兰村烈石山下，又称烈石神祠、英济侯祠，是为纪念春秋时期晋国大夫窦犨而建。唐初已存在，宋神宗元丰八年（1085年）重建遗构，祠外西侧有著名的烈石寒泉，每年农历七月十五为窦大夫祠庙会。
Xiao Gang

窦大夫祠

窦大夫祠献殿

窦大夫祠献殿大柱上挂有楹联一对：太行峰巅，孔圣为谁留辙迹；烈石山下，晋贤遗泽及苍山。

山门右侧绕行其后，一座气势雄浑的大殿赫然眼出现在前，此殿即为献殿。从建筑风格上看，明显带有元代特征，外观粗犷壮观，用材硕大，四根大柱直径近1米，整殿稳健巍峨。

殿左右均有苍松翠柏矗立，据说有几株已800岁高龄。我见过太多的遗址古建，这样吸引我的为数不多，在这座朴实中透着伟岸的古建前，心生敬意，杂念全无，全身心投入画中，笔触也变得简朴平和。

窦大夫祠献殿

崛围山多福寺

多福寺位于太原市西北20公里的崛围山之巅。寺院始建于唐贞元二年（786），明洪武年间（1368~1398）重建。寺内殿堂错落有致，布局稳健。值得一提的是大雄宝殿内现存的三佛四菩萨彩绘塑像和东、北、西壁所绘的八十四幅佛像壁画，均为明代遗物，具有很高的艺术价值。

崛围山舍利塔沿石级向西行，放眼望去，植被繁茂，山峦叠嶂，山风掠过，身上清爽了许多。继续顺山间柏油路行七八分钟就可看见多福寺了。十多年前曾来过一次，印象模糊，只是感觉山门很高的样子，这次故地重游，为了画它的全貌，我退到很远的山坡上，才勉强把视平线对到石级的顶端。平直的构图，显得画面单调了许多。

多福寺建於唐贞元二年(786年)，初名崛围教寺，
明洪武年间重建，现加建院落，有山门、大殿、藏经楼、
千佛殿等。寺内有明代壁画，傅山墨迹，寺东南崖顶
存有一座七级舍利塔。此地一直是历代名人追古游览之地。
萧刚 XiaoGang
2011.

崛围山多福寺

多福寺红叶洞

进入多福寺，眼前景象一片肃然，果然是清净之地，踏着斑驳的长有青苔的灰砖甬道，游走在苍松翠柏之间，仿佛真的体会到了当年傅山先生来此隐居的感受。在寺里仔细地看着，一座两层砖木兼用石材的小楼吸引住我，此楼名曰“红叶洞”，名字真的很好听。

“红叶洞”据说是当年傅山先生隐居后的著书处，很多游客来此拜谒，尤其是家中有学子的，更是希望沾一沾傅先生的光，所以我也让孩子进去拜一拜，毕竟这位名扬华夏，享誉三晋的“读书人”是每个山西人都引以为荣的人。

多福寺红叶洞

崛围山舍利塔

崛围山位于太原市西北约20公里的呼延村西，与西山绵延相接，沿滨河西路北行，辗转几道较窄的公路，便可见到耸立于山顶的这座舍利塔。从山脚的村里步行一段才可登山。看着眼前的望不到头的石阶，爬还是不爬，一时竟拿不定主意。满山长满灰褐色的灌木和一些叫不上名字的杂木，偶见乱石裸露，倒是给单调的山体增添了一些沧桑。

崛围山位于太原市西北汾河西岸呼延村一带。山势磋峨高耸，山峰曲折迂回，上山要弓背环绕而行，古称“屈围”。这里山峦叠翠，郁郁葱葱，宛如翻卷着的茫茫绿海，四季景色各异。尤其是秋菊绽黄、白露结霜的晚秋季节，巨石罅岩、灌木丛中，遍布着紫中透红的片片红叶，坡、梁、沟、岔间卷起了层层的红色浪涛，漫山遍野，煞是好看。山上的红叶到了秋季，更是别样的景致，是旧阳曲八景之一。

◎ 崛围山位于太原市区西北
二十余公里的呼延村西，海拔
1400米，素以秋之红叶著名，青色
翠色如流，山花盛开，
萧刚
2011.

崛围山舍利塔

狄村唐槐

为了纪念唐代名相狄仁杰修建的一处园林，园内有唐槐两株，据记载古槐为狄仁杰母亲所植。两株古槐，一株树高19米，胸径2.45米，冠幅东西16.6米，南北18米。另一株古槐，树状奇特，树干一出地就分为两枝，北枝直径为1.4米，东枝沿地面横生，直径为1.2米，在两个旧枝上又生出新枝，树的冠幅东西近15米，南北10米，树高只有8.6米。这两株古槐，成了唐槐园里的珍稀树木。园中重立有清代康熙年间知县戴梦熊撰立的“狄梁公故里碑”。

一次送一位好友到长途站，特意去附近的唐槐园看了看，这位大名鼎鼎的神探没有留下什么可供考证的旧物遗址，据说整个狄村现已无狄姓人家，但我画中的千年古槐，据史载为狄公母亲亲手所植。形似迤逦的虬龙，虽历经沧桑，春季到来，仍枝繁叶茂。站在这棵1300余年高龄古树面前，不由得心生敬意。

狄村唐槐

永祚寺双塔

来到双塔脚下，才着实感到它的巨大，在不算小的寺院里，竟找不好适合绘制的角度，不是有遮挡就是太突兀，实在不好找到最佳表现的方位。几经选择，我从塔的西北角的院落开始构图，在这里既可以看到交错的双塔，又可以看到塔前著名的无梁殿。

画面靠前位置的是宣文塔，以为画它不会太费事，其实我是想简单了，刚一入手就感到了它的复杂，光是把它的结构梳理清楚就已令人目眩了，再完好地把它表现出来真是需要极大的耐心。我是一边想着当时能工巧匠将施工时的严谨和艰辛，一边耐心地用我的画笔建造着我的纸上宝塔。

双塔寺，本名“永祚寺”，因其寺内那两座耸入云端的古塔引人瞩目，才被世人称为双塔寺。双塔寺始建于明代万历中期，距今400余年。双塔寺的整体布局一反我国千百年来坐北朝南的建筑传统，因势而建，居高临下，坐南朝北。身处古塔之上，可广瞰古城太原之全貌，晋中盆地之沃野千畴。

◎ 太原永祚寺双塔，位於市区东南，又名双塔寺，寺内矗立双塔（文峰塔、宣文塔），建于明万历年间，皆为平面八角十三层，仿木构楼阁式砖砌，高五十四点七米，中空有盘旋梯道可登，每层四面有砖券窗洞，可纵览太原风光，成为太原古八景之一。

永祚寺双塔

后记

《太原名街老巷》一书中的画作及相关资料的搜集整理，绘制、编写前后经历了数年时间，在此期间，我几乎走遍了太原范围的大街小巷，以及所属的古建遗址，甚为辛苦，但值得！随着我作品影响面的扩大，我由一名画者，逐步走向了文化保护者的行列，在做此项工作的过程中有愉悦有疲倦有感触，有太多的不如意，但更多的是喜悦，因为我遇到那么多让我坚持下去的朋友，原本只当自己是独行者，没想到步子迈开后，与我同行的，比我先行的人不在少数，这是我最大的收获。

关于故事名街老宅我不想多说，每个人都有每个人的故事，彼此相互交错。老宅老巷更是如此，曾经住在这里的人过着怎样的生活，去往何方，今天又有谁悄悄走进了古朴的老宅院，淘米生火。斑驳的老砖墙能否熬过明年北风的侵蚀。所有的所有都是沉甸甸的故事，有关于爱情的、有关于亲情的；有关于改朝换代的、有关于烽火狼烟的；有关于柴米油盐的、有关于民族大义的。大大小小全是故事，又有谁能说得清呢？

关于作品，我想说的是，这些耗费大量时间精力完成的手绘稿不仅仅是一座老城的重现，更是作为画者的我对这座老城表达的敬意，也是一位太原人旅行的足迹，为了尽量找到太原市古建筑历史文物的资料，我跑遍了省城各大图书馆，翻阅了大量资料，脚步遍布老街老巷的每个角落。你知道的，你不知道的，你听说过的，你没听说过的，我都一一走过。也许某天的某个时候，一个蹬着自行车背着画板的人从你身边走过，那就是我。看似艰辛，我却自得其乐。一单车、一支笔，一壶水，一次偶得，一次交谈，一幅作品构成我业余生活的全部。

我以太原地区古建，遗址民居为素材绘制创作的作品，在三年前就以不同的形式与读者见面了，其中有电视的、网络的、报纸的、杂志刊物的等等，其中以我名字命名的太原晚报专栏影响力尤为突出，这使我拥有了大量的固定读者群，欣喜的同时也感觉到一份责任和压力。很多读者以不同的形式与我联络、沟通、交流、我真切地感受到来自方方面面的支持和鞭策。

当然这几年让我欣喜的事还很多，比如新华社、中国新闻社的专访，卫视访谈等等，但对我来说一个电话却印象深刻。上个月初,一大早手机铃声就响起,对方是一个温文尔雅的女士的声音,是北京学苑出版社的责编打来的，说实话略显意外，因为前一晚，我才把作品发给出版社。一次愉快的充满诚意的谈话,让我实实在在的为作品找到了家。

这几年陆续与几家出版社打过交道，但都不尽如人意，虽说条件优厚，可大多商业味太重，对作品的定位与我的要求相距甚远。一次平常的聚会，一位在母校任职的同学推荐我关注一下学苑出版社的“故园画忆”系列作品，打开他发来的邮件资料，仔细读完了这一系列丛书的简介，我如同夏日里找到一处清凉之所，一身的浮躁便荡然无存了，寻觅很久的合作者终于出现在眼前。

书即将与读者见面,有太多的话想说,可一下子却分不出个头绪,加之忙于我的个人画展,难以静心理清思路,实感所言草率了些,不过都是真情实感,估计大家会见谅的。

肖　刚

2012年6月于北京